Autora:
Karina Jiménez García
Diagramación y Diseño:
Oscar Rosabal Ross
Diseñador Gráfico
Elementos Gráficos
Canva.com

San José, Costa Rica
Año 2022

Todas las habilidades que encontrarás aquí están basadas en Terapia DBT, Autocompasión y TCC.
Están adaptadas para adolescentes.
Este manual no pretende sustituir a un proceso de terapia y más bien, es un coadyudante en la terapia.

San José, Costa Rica
2022

Diseños adaptados de elementos individuales de Canva.com

Ìndice

Qué es un Gurú..1
Para qué las emociones...5
En que me ayudará todo esto..7
El resumen de mi interior representado en una casa.........................9
Afinando mis objetivos..11
Manejo de las crisis emocionales...13
¿Qué hago cuando estoy en crisis y empeora todo?........................14
Habilidad 1 Distráete de forma saludable..15
Habilidad 2 Mejorar los momentos difíciles......................................18
Habilidad 3 Me calmo aliviándome usando mis sentidos..................21
Habilidad 4 Haciendo magia con mi cuerpo para transformar el malestar............24
Habilidad 5 Activando el control racional y anticipando escenarios......................30
Habilidad 6 Poder para detener el impulso......................................32
Habilidad 7 Trascender el dolor aceptándolo...................................35
Habilidad 8 Practica diariamente la calma.......................................38
Habilidad 9 Encuentra tu sabio interior..62
Habilidad 10 Manejando las autolesiones..64

San Jòse, Costa Rica
2022

Ìndice

Habilidad 11 Domando las aguas tensas de las emociones 82
Habilidad 12 Cambiando las respuestas emocionales 88
Habilidad 13 Balanceando nuestros opuestos.................122
Habilidad 14 Descubriendo cosas agradables 127
Habilidad 15 Cuidando mi niño interior 141
Habilidad 16 Mis historias de triunfo.................144
Habilidad 17 Tratando con amor mis partes difíciles.................150
Habilidad 18 Cuido mi cuerpo con cariño 153
Habilidad 19 Hablando cariñosamente con mi cuerpo 155
Habilidad 20 Gratitud.................158
Consideraciones Finales.................165
Felicitaciones.................167
Poema.................169
Referencias Bibliográficas.................171

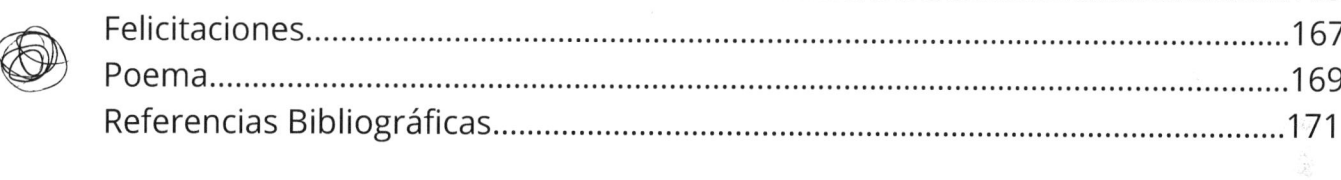

San José, Costa Rica
2022

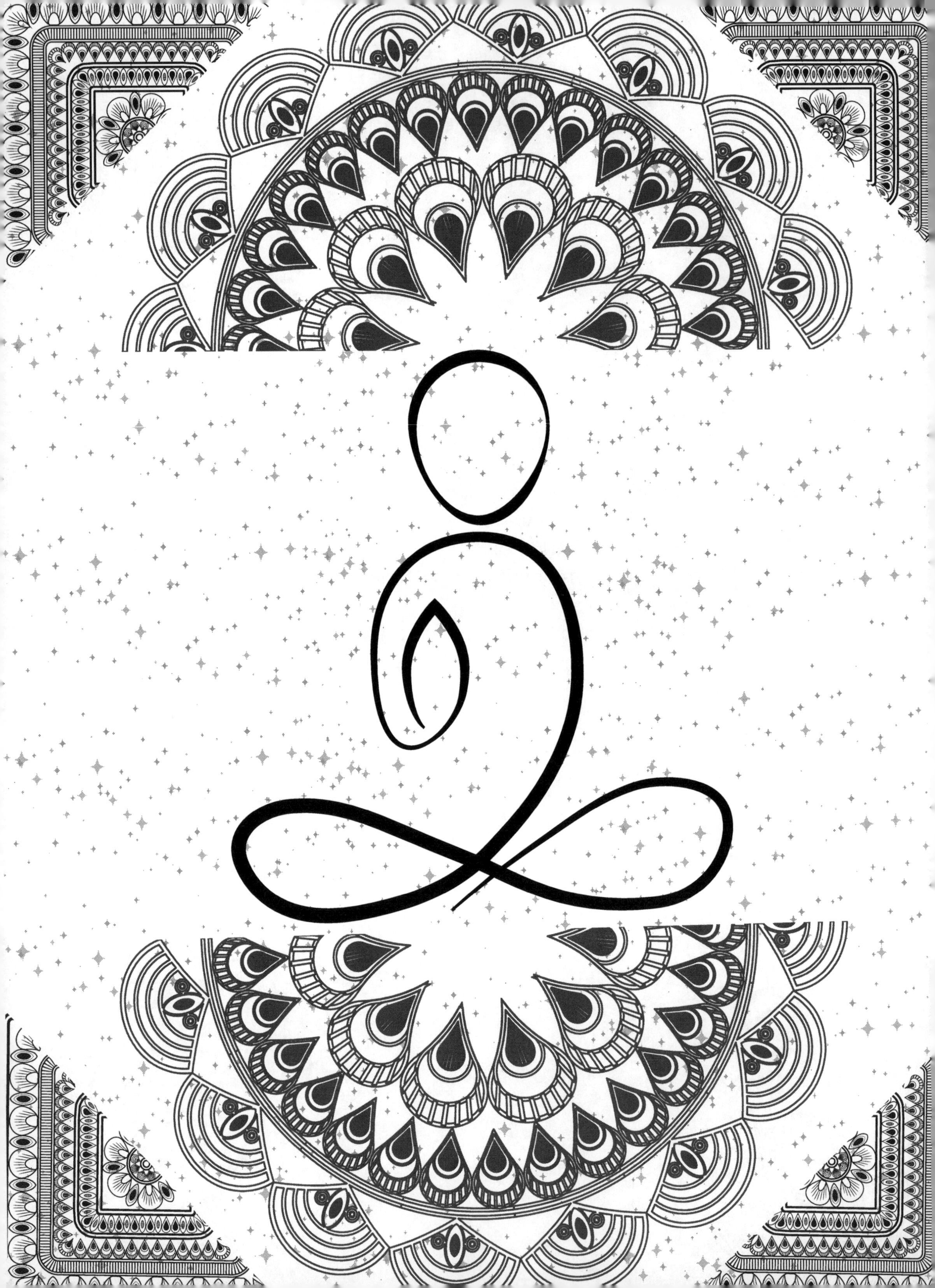

¿Quién hizo este libro?

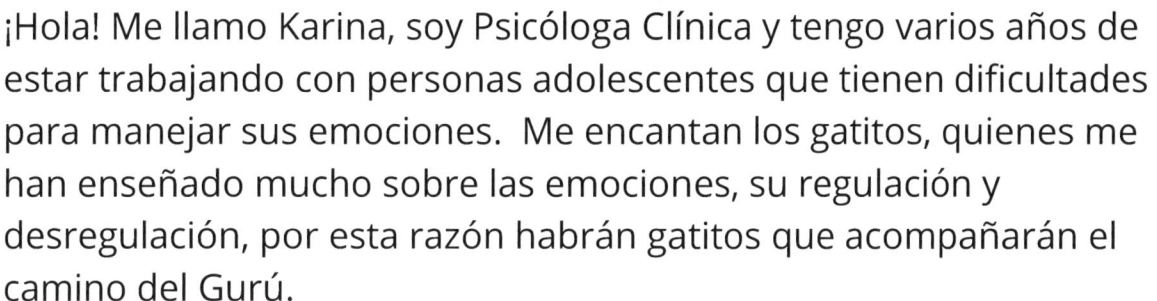

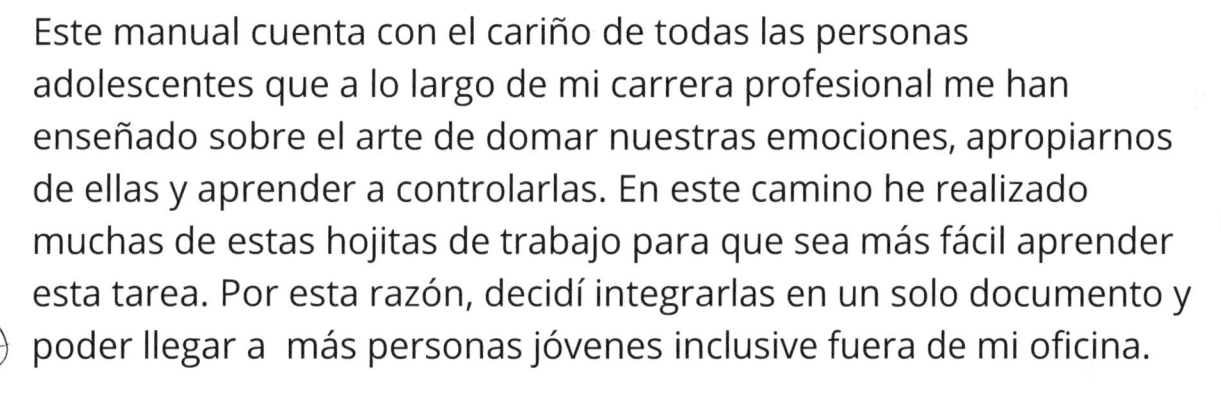

¡Hola! Me llamo Karina, soy Psicóloga Clínica y tengo varios años de estar trabajando con personas adolescentes que tienen dificultades para manejar sus emociones. Me encantan los gatitos, quienes me han enseñado mucho sobre las emociones, su regulación y desregulación, por esta razón habrán gatitos que acompañarán el camino del Gurú.

Este manual cuenta con el cariño de todas las personas adolescentes que a lo largo de mi carrera profesional me han enseñado sobre el arte de domar nuestras emociones, apropiarnos de ellas y aprender a controlarlas. En este camino he realizado muchas de estas hojitas de trabajo para que sea más fácil aprender esta tarea. Por esta razón, decidí integrarlas en un solo documento y poder llegar a más personas jóvenes inclusive fuera de mi oficina.

Sé que realizando estas tareas vas a poder salir adelante y ayudar a muchas otras personas que también tienen esta dificultad.

¡Espero que disfrutes mucho este manual!

San José, Costa Rica
2022

Agradecimientos

Primero que todo a Dios por siempre darme la oportunidad de crecer y aprender, darme vida y energía para ayudar a las personas y regalarme cada día tantas cosas hermosas y personas que me acompañan.

A mi familia y esposo quienes siempre están allí apoyándome y motivando para salir adelante.

A cada una de las personas que ha confiado en mi trabajo y me ha permitido ser su guía emocional, agradezco su confianza y siempre inspirarme a activar mi creatividad para encontrar maneras de ayudar.

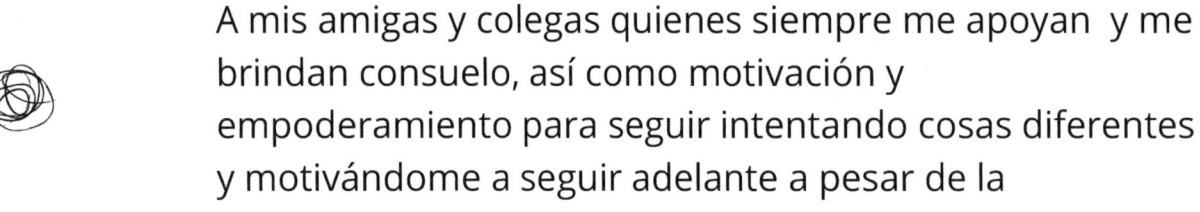

A mis amigas y colegas quienes siempre me apoyan y me brindan consuelo, así como motivación y empoderamiento para seguir intentando cosas diferentes y motivándome a seguir adelante a pesar de la adversidad.

San José, Costa Rica
2022

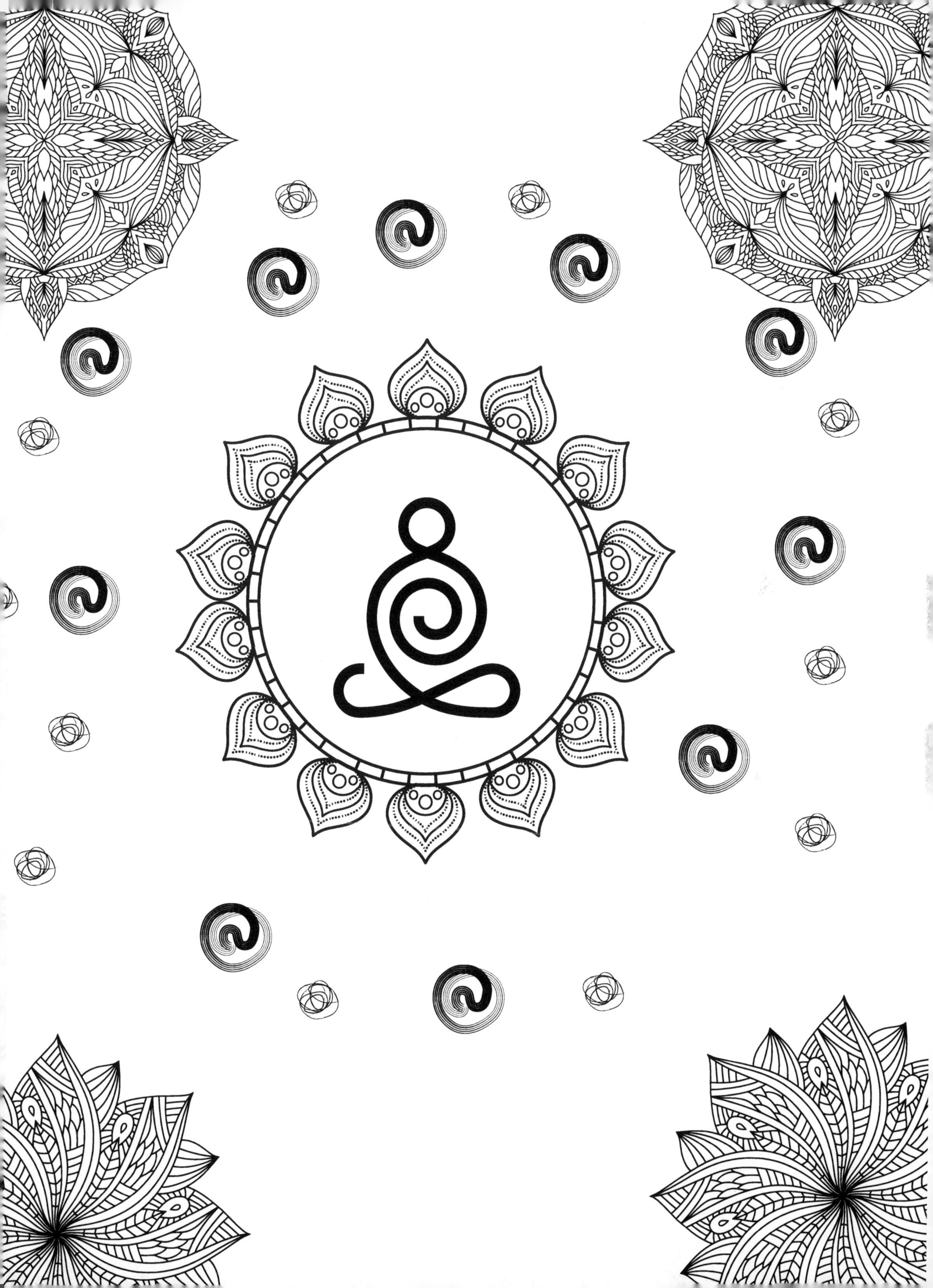

Prólogo

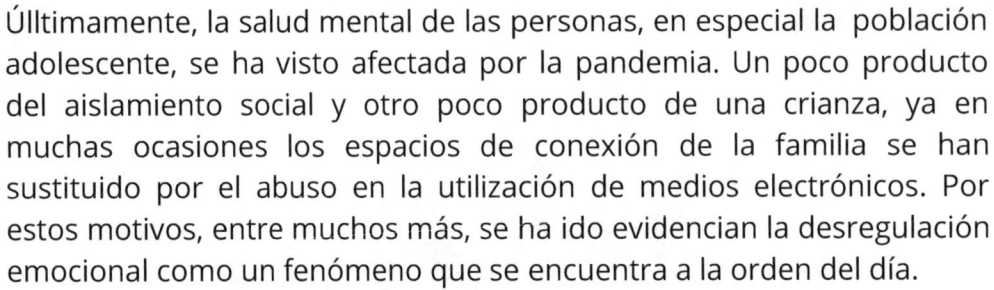

Últimamente, la salud mental de las personas, en especial la población adolescente, se ha visto afectada por la pandemia. Un poco producto del aislamiento social y otro poco producto de una crianza, ya en muchas ocasiones los espacios de conexión de la familia se han sustituido por el abuso en la utilización de medios electrónicos. Por estos motivos, entre muchos más, se ha ido evidencian la desregulación emocional como un fenómeno que se encuentra a la orden del día.

Frente a la situación actual, este manual aparece como un tesoro, brindando una respuesta ante la interrogante de ¿cómo gestar el cambio emocional? A través de sus páginas la autora brinda gran cantidad de actividades prácticas, sencillas de realizar y de comprender, por medio de las cuáles quien las realiza logra ir desarrollando las habilidades necesarias para la regulación emocional.

Las actividades propuestas son diseñadas de una forma creativa que sin duda logra atraer la atención del público adolescente, sin que por ello deje de ser también de ser atractivas para el público adulto.

Quien decida iniciar este manual, hará un viaje hacia sus mismas profundidades, permitiéndose usar todos sus sentidos para invocar su propio Gurú Emocional, según palabras de Karina, que sin duda le permitirá dar un paso adelante en el manejo de sus emociones.

Este regalo de Karina Jiménez a los y las adolescentes es sin duda un preciado tesoro.

Eyllin Lescouflair
Psiquiatra Infantojuvenil

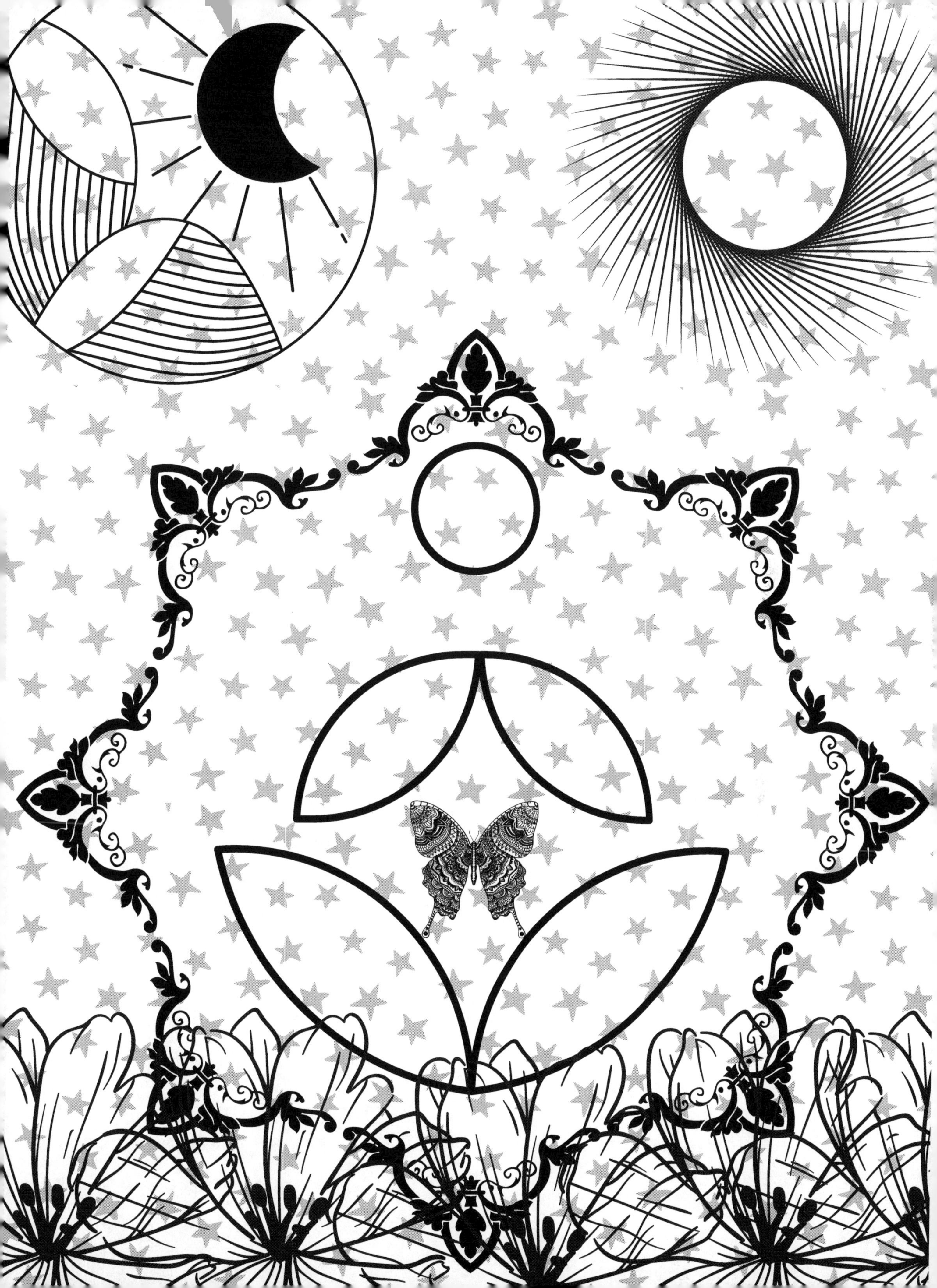

¿Qué es un gurú?

Querida comunidad juvenil: Seré tu gurú emocional en este proceso de aprendizaje. Mi tarea será enseñarte varias habilidades que te convertirán en una persona con mayor capacidad de control emocional.

Si no sabes que es un Gurú o te suena extraña esta palabra, te cuento su significado de acuerdo a la RAE (Real Academia Española: es la entidad encargada de enseñarnos los significados de todas las palabras en español):

> En el hinduísmo, 'maestro espiritual o jefe religioso' y, en general, 'persona a quien se reconoce como maestro o guía en un ámbito determinado'

Así que seré un maestro o maestra de tus emociones mientras estés aquí en este proceso. Mi objetivo será ayudarte a manejar tus emociones de una manera saludable y adaptativa, así como brindarte todos mis secretos, para que más adelante también puedas llegar a obtener este título de Maestro o Maestra emocional. Adelante y vamos a aprender...

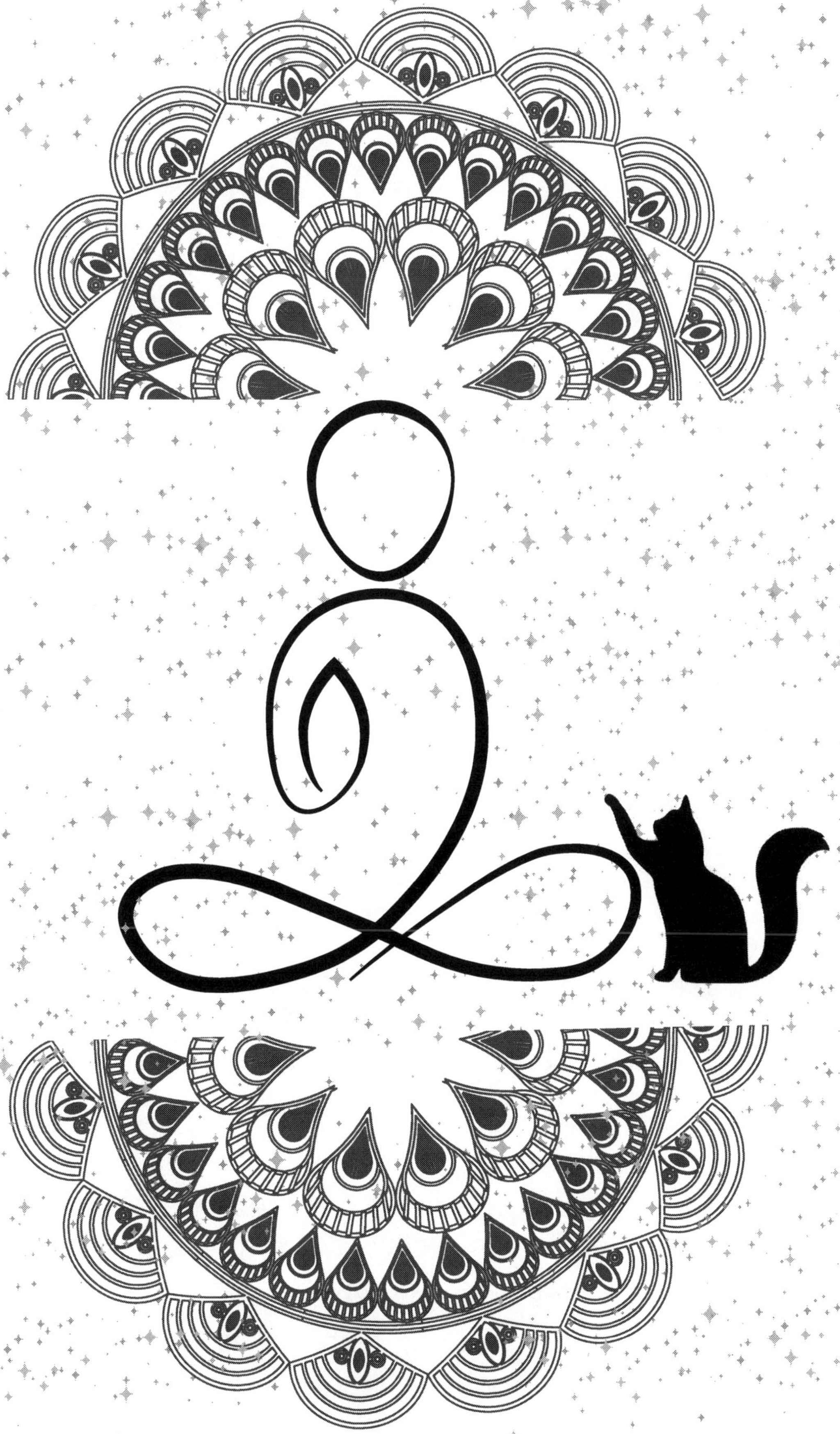

Dibuja tu gurú

Cada persona tiene en su interior este gurú, más adelante le llamaremos tu sabiduría interior. Trata de intentar cerrar los ojos e imaginar: ¿Qué forma tiene? ¿Qué edad? ¿Cómo es? ¿Es humanoide, animal, persona?
¡Intenta dibujarle para que vaya renaciendo con este entrenamiento!

4

¿Para qué las emociones?

Muchas veces creemos que todos y todas conocemos el mundo interno emocional. Sin embargo, aunque tenemos una base sobre la cual nos hacemos la idea sobre cómo es una emoción, o qué nos hace hacer o sentir, en la vida real la experiencia puede se totalmente distinta. Nuestro mundo emocional interior, muchas veces se siente como garabatos sin sentido, emociones sin control, conductas impulsivas o pensamientos descontrolados.

A pesar que todo esto te puede resultar familiar y que es totalmente normal, hay muchas maneras de aprender a retomar el control de nuestro interior, nuestros principales aliados serán la comprensión y la activación de nuestra capacidad de razonamiento y la curiosidad en el interior. Nuestro cerebro se volverá el jefe de nuestra profundidad. En un inicio todo parecerá muy mecánico, pero poco a poco será más y más fácil realizarlo en automático.

Imagina que aprender sobre las emociones y su regulación, es como iniciar un nuevo idioma, al inicio necesitarás de un traductor para ir comprendiendo lo que pasa y haciendo las nuevas habilidades, pero poco a poco, en tanto más utilices esta guía o traductor, más fácil te será ir realizando automáticamente las habilidades y convertirte en un maestro o una maestra de tus emociones.

¿Para qué las emociones?

Vamos a tomar unos minutos para revisar tus experiencias emocionales interiores, puedes poner desde la emoción, sensación, pensamientos y conductas asociadas a eso que vives en tu interior.

Dibuja en el círculo cada una de estas partes, tal como te la imaginas, puede ser como garabatos. Sólo deja plasmado allí todo este mundo interior. Lo podrás retomar, arreglar, mejorar e incluso cuidar y calmar cuando lo necesites, más adelante podrás comprender cuál es la habilidad que calza perfecto a ese componente de tu interior para consolarla y manejarla mejor.

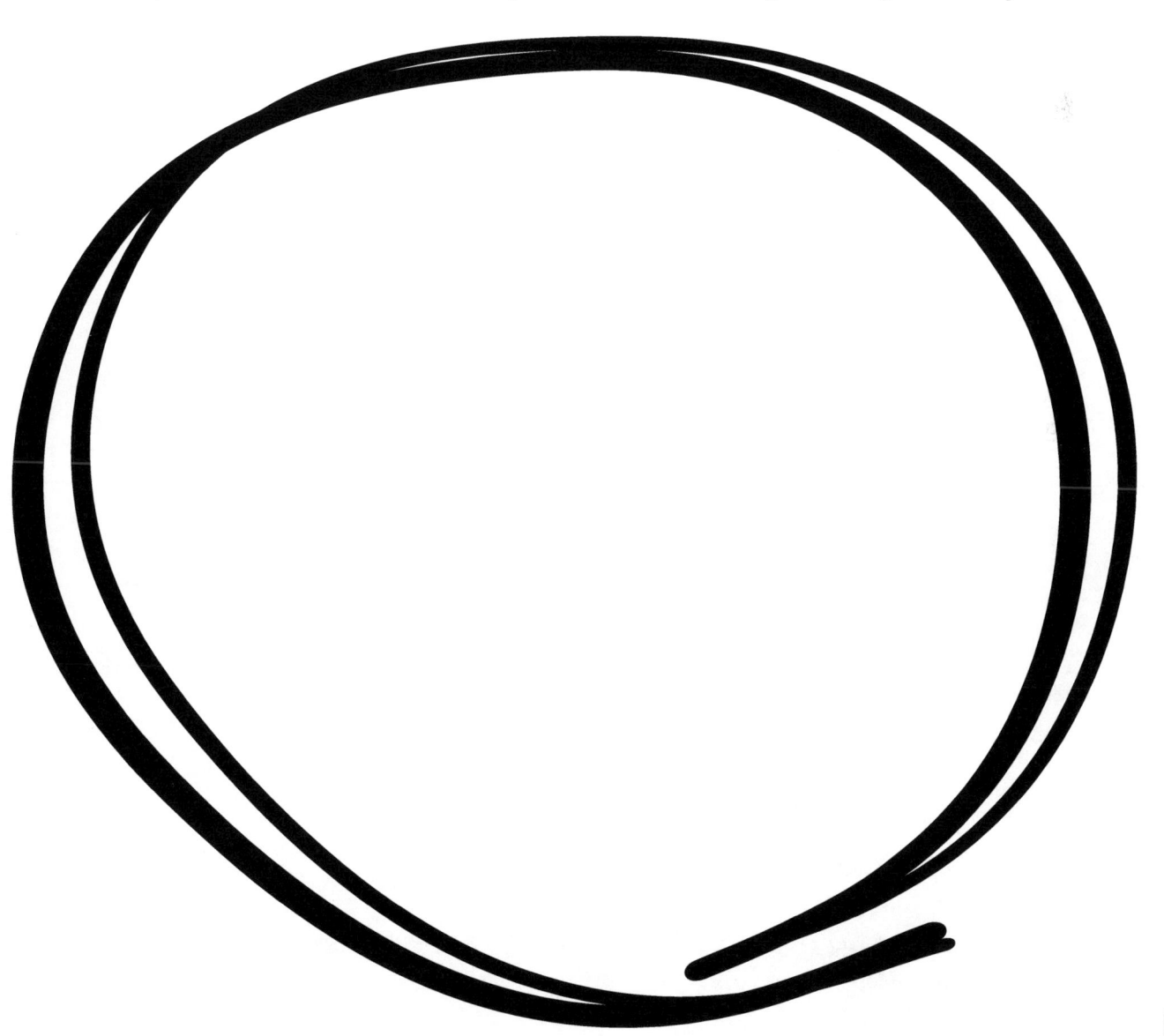

En qué me ayudará todo esto:

Ahora que pudiste darte un tiempo para mirar tu mundo interior, nota que en qué te gustaría ayudarte, descubre cuál sería tu objetivo o meta con este aprendizaje. Busca las cosas que quisieras disminuir o las que quisieras incrementar. Por ejemplo:

1. Disminuir la cantidad de veces que sientes enojo en la semana
2. Aumentar más momentos felices
3. Dejar de autolesionarte y/o comer mucho cuando me siento triste.

Cuando hagas tu objetivo intenta elaborarlo siguiendo la estrategia **SMART:**
S: e**S**pecífico (algo específico y claro en un solo punto)
M: Medible (que se pueda medir cuando lo logre ir alcanzando)
A: Alcanzable (algo que pueda lograr en este momento, iniciar por los pasos más pequeños
R: Relevante (que sea importante para mí)
T: Temporal (que tenga una fecha en que lo pueda alcanzar)

Mis objetivos serán:

_____

_____

_____

_____

¡Cuando alcances estos objetivos, puedes hacer nuevos!

8

El resumen de mi interior representado en una casa

Existe mucha información en nuestro mundo interior, la cual será una guía para ir transitando en este espacio de convertirte en una maestra o un maestro de tu mundo emocional. Para lograr este objetivo, vas a ir realizando esta casa, en donde se desarrollan aspectos que marcan una ruta de trabajo. Además, es importante que consideres que todo puede ir cambiando con el tiempo. Lo esperable es que todo que lo escribas vaya cambiando. Así que, ¡en cuánto notes cambios, recuerda regresar a la casa y realizarlos!

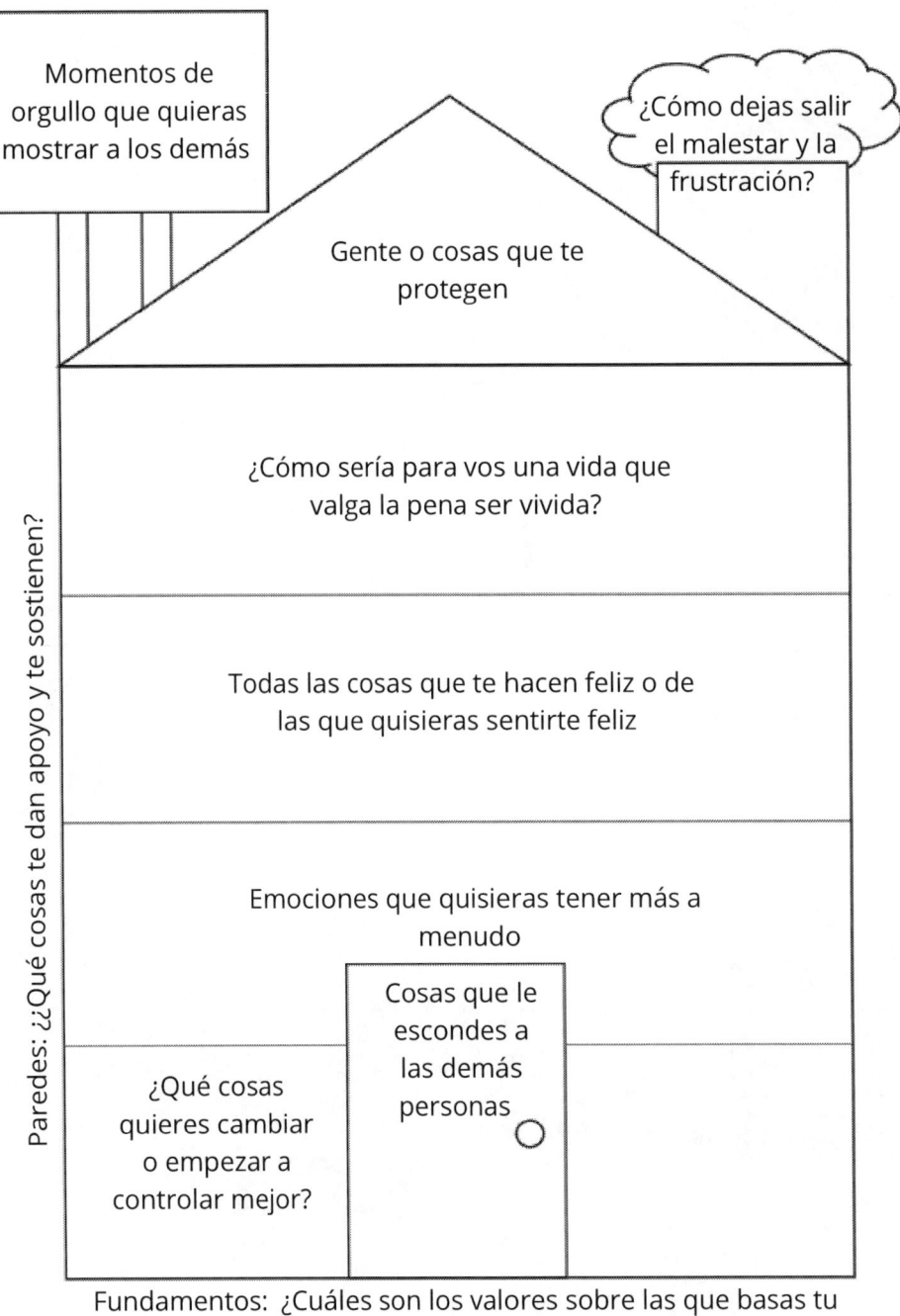

- Momentos de orgullo que quieras mostrar a los demás
- ¿Cómo dejas salir el malestar y la frustración?
- Gente o cosas que te protegen
- Paredes: ¿¿Qué cosas te dan apoyo y te sostienen?
- ¿Cómo sería para vos una vida que valga la pena ser vivida?
- Todas las cosas que te hacen feliz o de las que quisieras sentirte feliz
- Emociones que quisieras tener más a menudo
- Cosas que le escondes a las demás personas
- ¿Qué cosas quieres cambiar o empezar a controlar mejor?
- Fundamentos: ¿Cuáles son los valores sobre las que basas tu vida, los que te dan el fundamento y estructura?

Wallden, 2017

El resumen de mi interior representado en una casa

Ahora llena la casa con tu información personal. Esta te ayudará a revisar nuevamente tus objetivos. Por ejemplo, puedes descubrir apoyos, recursos y capacidades, o bien, puedes encontrar áreas que necesitas fortalecer o emociones que hay que aprender a manejar. Además, conocer tus valores te puede dar información sobre la manera en que estás manejando tu vida, si vas haciendo cosas que te acerquen a tus valores o si te alejan de éstos.

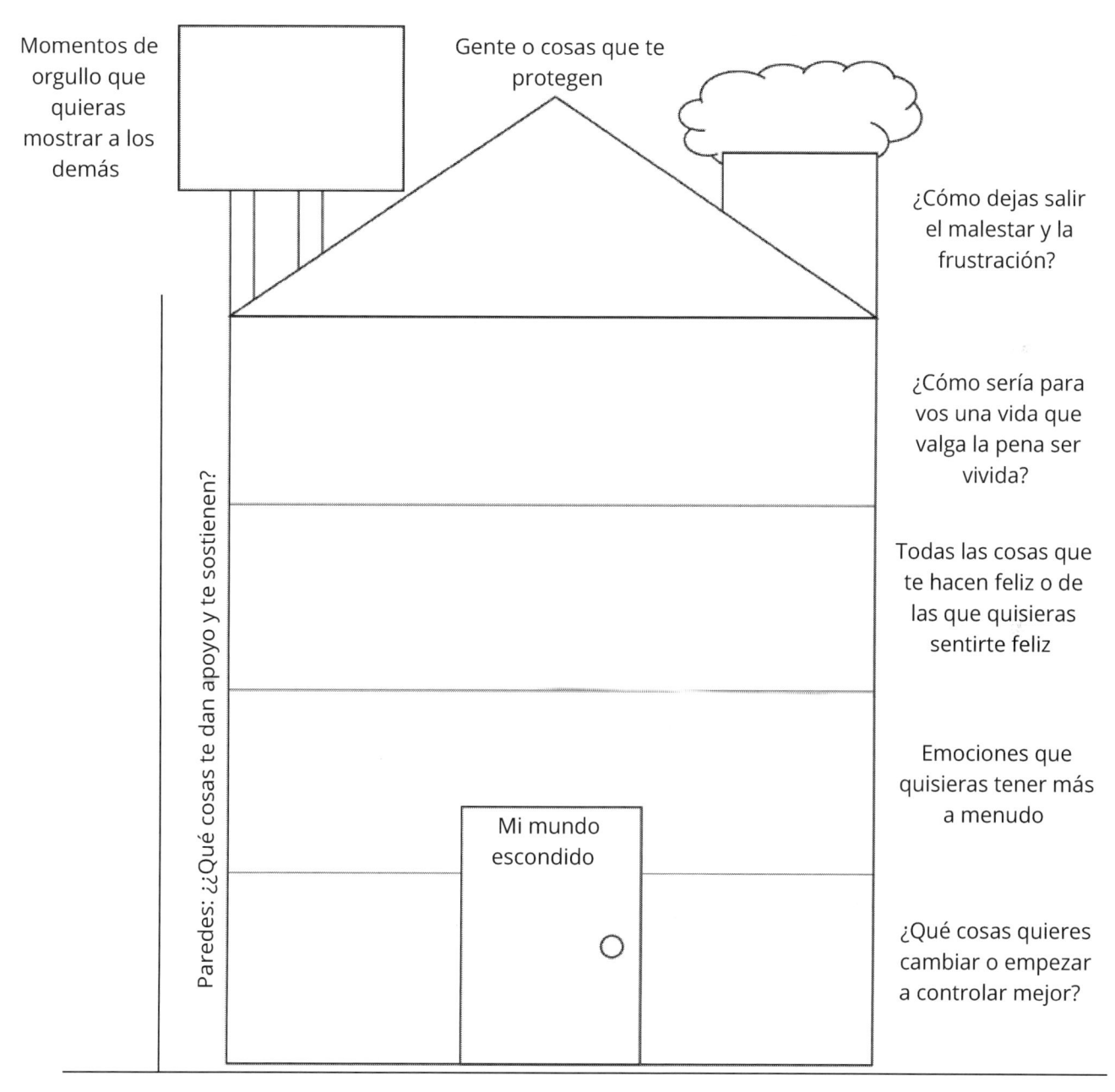

Momentos de orgullo que quieras mostrar a los demás

Gente o cosas que te protegen

¿Cómo dejas salir el malestar y la frustración?

¿Cómo sería para vos una vida que valga la pena ser vivida?

Todas las cosas que te hacen feliz o de las que quisieras sentirte feliz

Emociones que quisieras tener más a menudo

Mi mundo escondido

¿Qué cosas quieres cambiar o empezar a controlar mejor?

Paredes: ¿¿Qué cosas te dan apoyo y te sostienen?

Fundamentos: ¿Cuáles son los valores sobre las que basas tu vida, los que te dan el fundamento y estructura?

Wallden, 2017

Afinando mis objetivos:

Ahora que hiciste el ejercicio de la casa, puedes intentar afinar más tus objetivos y detalles, siguiendo el Modelo SMART. Responde a estas preguntas para que indiques tus objetivos

¿Cuáles conductas, emociones, pensamientos quisieras incrementar o mantener?
_____
_____
_____

¿Cuáles conductas, emociones, pensamientos quisieras disminuir o crees que ocupas aprender?
_____
_____
_____

¿Cuáles son tus valores, recursos de apoyo, tu soporte y las cosas que te acompañan en los retos que debes enfrentar?
_____
_____
_____

¡Ahora tienes claro tu norte y tu meta, por lo que vas a empezar a trabajar!

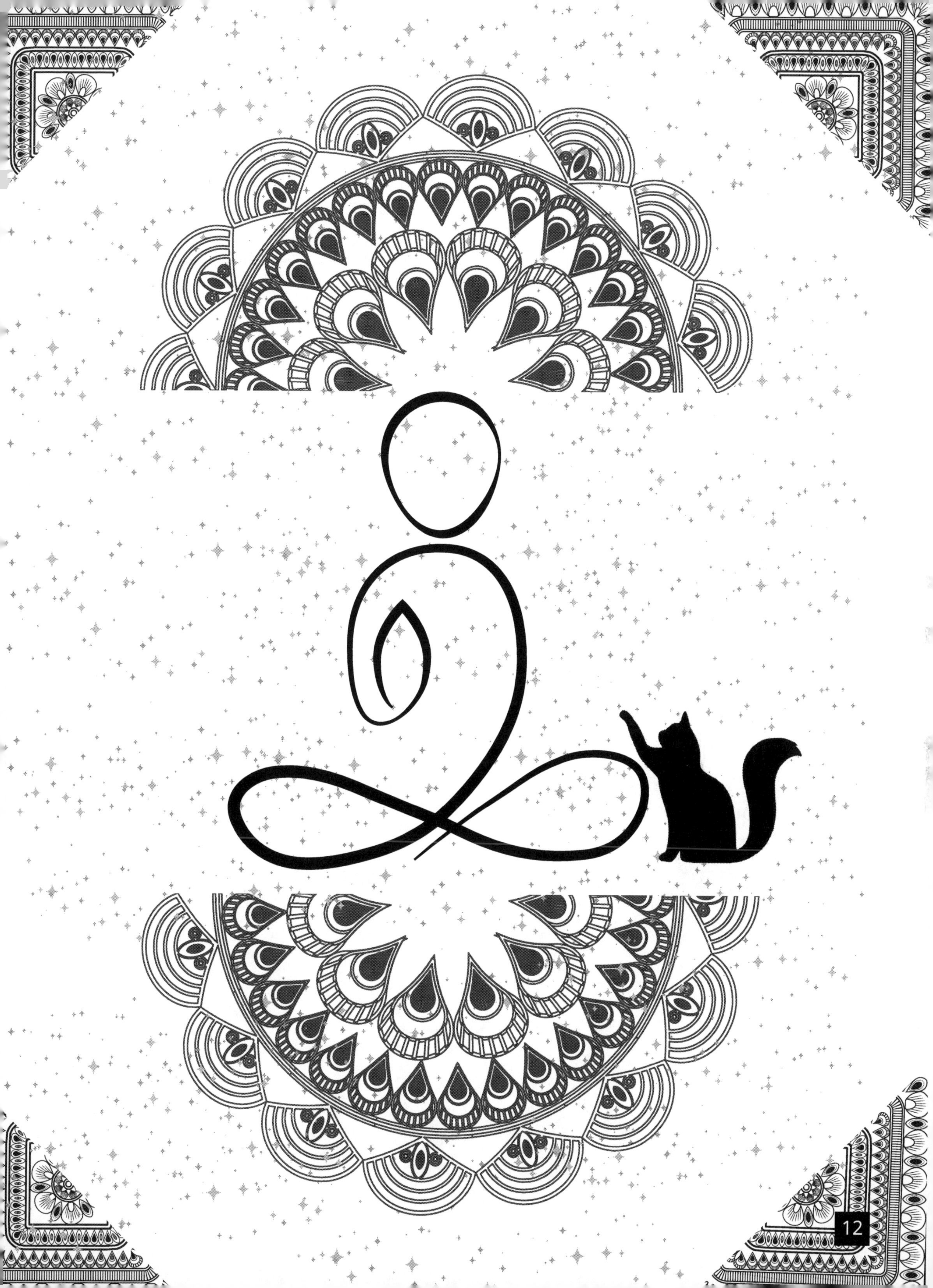

Manejo de las crisis Emocionales

Este primer grupo de lecciones tienen como objetivo brindarte habilidades que puedes hacer cuando tengas momentos de alta intensidad emocional. Es decir, crisis intensas emocionales.

Las crisis intensas provocan conductas impulsivas, las cuales lejos de ayudar a mejorar el momento, terminan complicando y empeorando todo. La idea es desarrollar capacidad para tolerar las crisis y evitar que generen más malestar.

Imagina la crisis emocional como un momento en donde estás subido en una ola gigantesca, si intentas luchar contra ella, todo será peor, si te dejas llevar sin hacer nada te va a revolcar. Puedes intentar entrenarte en aprender a surfearlas y nadar de manera profesional para domarlas.

Las habilidades que aprenderemos aquí, pueden servir de acuerdo a cada momento y a tu gusto en particular:
1. Aceptar las crisis y evitar pelear contra ellas.
2. Aprender a distraerte.
3. Aprender a hacer de ese momento un momento mejor, es decir hacer "limonada de los limones".
4. Aprender a activar la calma y el cuidado hacia todo tu interior y exterior.
5. Usar tu cuerpo para desactivar esas respuestas de ansiedad y "engañar" temporalmente al sistema nervioso alterado, para que se desactive.

¿Qué hago cuando estoy en crisis y empeora todo?

Muchas veces las crisis provocan actos impulsivos, que en el momento generan una sensación de liberación, alivio o inclusive generan hasta satisfacción y distracción Sin embargo, el resultado de esas conductas nunca es saludable, porque generan distancia de los objetivos propuestos y complican todo aún mas. Busca en esta lista cuáles son las conductas que sabotean tu capacidad de control y las cuales vas a intentar dominar con las nuevas habilidades que aprenderás:

___ Comer mucho o no comer
___ Tomar
___ Usar drogas
___ Fumar
___ Escaparse de clases
___ Cortarse o autolesionarse
___ Ver mucha televisión o encerrarse en juegos de video
___ Tener conductas de riesgo online
___ Hacer exceso de ejercicio
___ Tomar mucho café
___ Explotar con enojo
___ Aislarse socialmente
___ Mentir
___ Trabajar mucho
___ Procrastinar o dejar todo para lo último
___ Gastar mucho dinero en cosas innecesarias
___ Dormir mucho o no dormir

Habilidad 1 para detener las crisis: Distráete de forma saludable

Un buen gurú emocional sabe elegir las situaciones a las que presta atención.

Todas las personas tienen la capacidad para elegir distraer la mente de forma saludable cuando están muy abrumadas y para esto, se dirige la atención **TEMPORALMENTE** hacia temáticas que ayuden a poner en pausa el malestar.

Imagina estas habilidades como tener un control remoto e ir pasando los canales hacia diferentes programas o escenas que te ayudarán a distraerte y esperar a que pase la crisis o el impulso de hacer algo que podría empeorar todo, así cuando estés más estable podrás devolverte al problema, teniendo más claridad en tu mente y aumentando la capacidad de solucionarlo

Habilidad 1 para detener las crisis:

Control remoto de Distracción: conociendo cada canal

A *ctividades:* Haz alguna actividad: pinta mandalas, juega con un cubo rubik, spinner, soduku, crucigrama, juego de mesa, video juegos, o cualquier actividad que te agrade.

C *ontribuciones:* Ayudar a alguien. Ayuda a un amigo/a o hermano/a con la tarea; haz algo lindo por alguien más; doná cosas que no necesites; sorprende a alguien con un abrazo o con una carta, o con un favor; se voluntario/a. Hazle una carta a alguien que quieres.

E *mociones diferentes:* Mira un show o serie de televisión cómica o una película emocional; escucha música relajante; trata de activarte aunque te sientas triste. Mira una película de miedo, si sientes tristeza o enojo, eso te cambiará lo que sientes. Escribe unos chistes, cosas para hacer en tu libreta.

P *ensamientos diferentes:* . Reemplaza tus pensamientos. Lee; haz crucigramas de números o palabras, cuenta números, busca colores en un póster, escribe poemas, analiza canciones, poemas, cuentos, etc.

T *omar distancia:* Coloca la situación dolorosa fuera de tu mente temporalmente. Alejala situación mentalmente moviendo tu atención y pensamientos fuera de vos; construye una pared imaginaria entre vos y la situación. Pon el dolor en una caja y en un estante por un rato

A *nalogías:* Compárate con diferentes perspectivas de vos mismo/a. Compara cómo te sientes ahora con respecto a otros momentos en que te has sentido peor. Piensa en los demás y en quienes están enfrentando lo mismo o con menos efectividad que vos.

S *ensaciones diferentes:* Intensifica otras sensaciones. Sostiene o mastica un hielo; escucha música alto; tomar un baño caliente o frío; estripa una bola suavecita o un "squezze", plastilina, slime, etc., haz sentadillas o lagartijas, acaricia a tu mascota, come un pedazo de chile, un chicle ácido

Linehan, 2015

Habilidad 1 para detener las crisis:

Control remoto de Distracción: conociendo cada canal

A **ctividades:** ¿Cuál actividad te gusta hacer y puedes poner en práctica en esos momentos de tensión? _____

C **ontribuciones:** ¿Qué te gustaría hacer para ayudar a alguien y que pueda ayudarte a poner en pausa el impulso por un ratito?
_____

E **mociones diferentes:** ¿Qué cosas quisieras hacer para sentir emociones diferentes? ¿Qué película te ayuda? ¿Cuáles canciones? ¿Cuáles chistes?
_____
_____

P **ensamientos diferentes:** ¿Qué cosas pueden generar en tu mente pensamientos diferentes? ¿Aprenderse nombres de países y capitales? ¿Leer un cuento? ¿Pensar en un mantra? ¿Hacer crucigrama?
_____
_____

T **omar distancia:** Imagina un lugar en donde poner tu malestar o el impulso, puede ser un contenedor, poner una pared, visualizar un control y adelantar el malestar hasta otro momento, ¿Qué te serviría?
_____

A **nalogías:** ¿En qué has mejorado con respecto al pasado?¿De qué sientes orgullo sobre vos ahora en el presente con respecto al pasado?
_____

S **ensaciones diferentes:** ¿Qué sensaciones diferentes e intensas te ayudan a detener el impulso? (usar el hielo, plasticina, slime, spinner comer chile, ejercicio intenso)

Habilidad 2 para detener las crisis: Mejorar los momentos difíciles

Significado — Encuentra o crea algún propósito, significado o valor para el dolor. Haz limonada de los limones

Aliento y repensando la situación — Date porras a vos mismo/a. Repite una y otra vez "Puedo manejarlo", "no durará para siempre", "Saldré de esto", "Hago lo mejor que puedo"

Lugar seguro (Imagina) — Imagina escenas relajantes de calma, un lugar seguro. Imagina que las cosas van bien, imagina afrontando bien las cosas. Imagina que las emociones dolorosas se salen de vos

Vez (Una cosa a la vez) — Focaliza toda tu atención en lo que estás haciendo ahora. Mantén tu mente en el momento presente. Sé consciente de los movimientos de tu cuerpo o las sensaciones mientras caminas, limpias o comes.

Alto (toma vacaciones) — Date unas pequeñas vacaciones. Sal fuera de donde estés, toma una caminata corta, ve a tomar tu bebida favorita de café o un batido, lee una revista o el periódico, navega en la web, toma un respiro de una 1 hora de algún trabajo duro que estés haciendo. Desconéctate de todos los aparatos electrónicos.

Rezando — Abre tu corazón a un ser superior, a la sabiduría superior o crea tu propio Sabio Interior. Pregúntale por fuerza para lidiar con el dolor de ese momento.

Acciones relajantes — Trata de relajar tus músculos uno a uno a través de la tensión y la relajación empezando por la frente y continuando hacia abajo. Sé consciente de los movimientos o sensaciones mientras caminas, limpias o comes.

Linehan, 2015

Habilidad 2 para detener las crisis:
Mejorar los momentos difíciles

En muchos momentos de crisis, se siente un malestar tan intenso, que aparece el impulso de hacer algo para quitar rápidamente esa experiencia incómoda. La sensación de malestar hace que nuestros pensamientos se tornen muy catastróficos, lo cual incrementa el malestar.

Una habilidad importantísima de practicar es **buscar conscientemente la manera de mejorar el momento**. Es decir, la manera de mejorar un poquito ese momento tan feo. Tal como nos enseña la frase:

"Si la vida te da limones, haz limonada"

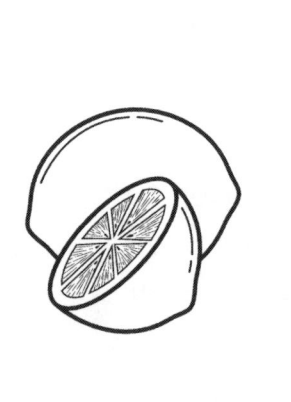

Habilidad 2 para detener las crisis:
Mejorar los momentos difíciles

Significado — ¿Qué puedo aprender de esta situación?
_____
_____

Aliento y repensando la situación — Escribe una frase de aliento que te sirva para hoy. Úsala como un mantra para cada día:
_____
_____

Lugar seguro (Imagina) — Busca un lugar de calma, puede ser real o imaginario, respira profundo y llega a ese lugar. Puedes describirlo aquí:_____

Vez (Una cosa a la vez) — Observa con detenimiento las cosas, haz alguna tarea muy despacio. ¿Qué te sirvió?
_____
_____

Alto (toma vacaciones) — Haz un alto en las cosas que estás haciendo. Busca lugares donde quisieras ir y transporta tu mente allí, toma descansos. ¿Qué te sirvió?
_____
_____

Rezando — Abre tu corazón a tu ser superior, pon todo el malestar en él y ten esperanza y fe que todo se irá acomodando y poco a poco encontrarás el sentido. ¿Qué incrementa tu fe y esperanza?
_____

Acciones relajantes — Busca para relajarte. ¿Qué te ayuda?
_____

Habilidad 3 para detener las crisis:
Me calmo aliviándome usando mis sentidos

¿Sabías que tu cuerpo está capacitado para activar el sistema natural de calma, crecimiento emocional y procesamiento saludable de las situaciones difíciles? El cuerpo siempre sabe cómo sanar, sin embargo, muchas cosas difíciles que se viven bloquean esta capacidad natural, por eso el cerebro sigue buscando estrategias que quizás funcionaron en algún momento cuando nadie pudo enseñarte algo diferente y más saludable.

En este grupo de habilidades conocerás como utilizar todos tus 6 sentidos: vista, olfato, escucha, gusto, tacto y el movimiento como capacidades para generar nuevos estados emocionales, detener el impulso de hacer esa conducta que complica todo y quizás en algún momento llegarás también a la calma.

Poco a poco tu cerebro recordará más rápidamente este camino a la calma y podrás llegar a estas conductas de forma rápida y automática.

Habilidad 3:
Me calmo aliviándome usando mis sentidos

Vista

Busca cosas que puedas ver que te ofrezcan consuelo: Ve a tu lugar favorito y observa todas las señales, mira fotos en un álbum, separa una imagen o póster, nota los colores en el atardecer, observa a la gente.

Escucha

Escucha sonidos que generen calma o te distraigan saludablemente del problema: Escucha tu música favorita, presta atención a los sonidos de la naturaleza y del ambiente. Haz un playlist de calma y alivio, que sea super especial

Gusto

Prueba sabores que te conecten a experiencias positivas: Come alguna de tus comidas favoritas, bebe tu bebida favorita no alcohólica, come del sabor de helado favorito, presta atención al sabor de la comida que comes, come cada cosa de manera atenta y pausada, (nota: ten cuidado en hacer en exceso esta estrategia, porque puede ser **DELICIOSA**).

Tacto

Siente y toca cosas que te generen alivio: Toma un baño largo, toca a tu perro o gato, hazte un masaje, peina tu cabello, abraza o se abrazado, siente una tela fría en tu cabeza, cámbiate y ponte la ropa más cómoda que tengas.

Olfato

Huele cosas que te reconforten: Usa tu loción favorita, usa una fragancia que tenga un aroma que te agrade, haz galletas o palomitas y enfócate en el olor, huele el café recién hecho, ve al parque y busca flores que puedas oler.

Movimiento

Has movimientos gentiles que generen alivio: Mécete de un lado a otro gentilmente, estírate, ve a correr, haz yoga, baila

Linehan, 2015

Habilidad 3:
Me calmo aliviándome usando mis sentidos

Vista
¿Qué te gustaría ver que te genere calma y tranquilidad?
_____
_____

Escucha
¿Qué sonidos son atractivos para vos? Puedes intentar usar un cascabel o música?
_____
_____

Gusto
¿Qué sabores te generan bienestar y te pueden ayudar en esos momentos?
_____
_____

Tacto
¿Qué cosas puedes tocar y son agradables? (squezze, pop it, bolitas, pañito, tu mascota, un peluche)
_____
_____

Olfato
¿Qué aromas son agradables para vos? (una vela, la canela, el café, una esencia, la plasticina)
_____
_____

Movimiento
A moverse. Intenta posiciones de yoga, de baile, mece tu cuerpo y muévelo de forma agradable
_____
_____

Habilidad 4 para detener la crisis: Haciendo magia con mi cuerpo para transformar el malestar

Todas las personas pueden activar naturalmente su sistema de calma. El sistema de calma y tranquilidad del cerebro se llama **SISTEMA PARASIMPÁTICO**.

Si realizas estas actividades durante al menos 20 minutos, vas a notar cómo las sensaciones físicas molestas empiezan a detenerse. También se detendrán los pensamientos intensos que ingresan a tu mente, las ideas de quitarte la vida, las palpitaciones, así como la sensación de sentir anestesiado tu cuerpo, mente y emociones.

Estas habilidades te permiten regresar al presente y mantenerte en el aquí y el ahora.

Intenta realizar estas habilidades por al menos **20 minutos** cuando estás teniendo el impulso de tener la crisis y vas a notar como la intensidad empieza a disminuir rápidamente.

Utiliza el siguiente termómetro para ir midiendo en donde está el nivel de malestar antes y después de la estrategia:

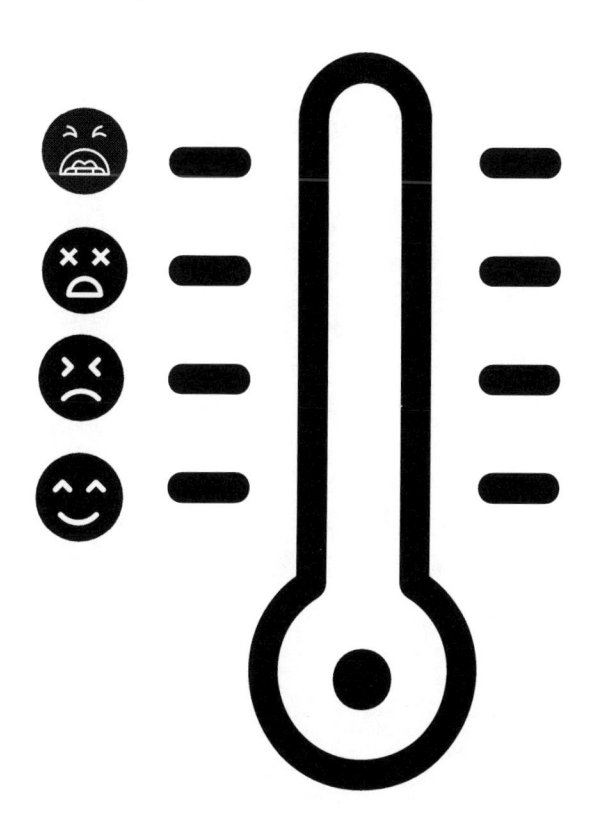

Habilidad 4:
Haciendo magia con mi cuerpo para transformar el malestar

Temperatura

Cambia la temperatura de tu cara con agua fría para generar una calma rápido. Llena un recipiente con agua fría, sumerge tu cara sosteniendo la respiración por unos segundos, repite la acción. También puedes sostener una bolsa con hielo en tus manos, mejillas o en tu cara. Sosténlos por 30 segundos, suéltalos y luego continúa con el ejercicio, hasta que te calmes.**No lo hagas si manejas presión baja***

Intenso ejercicio

Para calmar tu cuerpo cuando es acelerado por una emoción. Realiza un ejercicio aeróbico intenso por un corto tiempo (10-15 minutos). Expande la energía física de tu cuerpo guardada a través de correr, caminatas rápidas, brincar la cuerda o hacer jumping jacks, jugar basketball, levantar pesas, poner música y bailar. Ten cuidado en hacerlo de manera desmedida

Pausadamente respirando

Lentifica el ritmo de tu respiración especialmente al exhalar (cerca de 4-6 segundos para inhalar y exhalar por al menos 6 - 8 segundos). Respira profundo desde tu abdomen. Exhala más lentamente que tu inhalación (por ejemplo 4 segundos inhalando y 6 segundos exhalando). Has esto por 1-2 minutos para disminuir el malestar.

Progresivamente relajando los músculos

Tensa y relaja cada grupo muscular, desde la cabeza hasta los dedos de los pies, un grupo muscular al tiempo. Tensa durante 5 segundos y luego suelta, relaja cada músculo con la práctica. Nota la tensión, nota la diferencia cuando está relajado

Linehan, 2015

Habilidad 4:
Haciendo magia con mi cuerpo para transformar el malestar

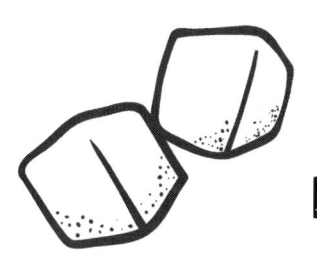

La magia del hielo

¿Cuál estrategia con la temperatura te sirve más?
Bañarte con agua fría, ponerte hielos en la cara, manos o inclusive en tus pies, usar máscaras de hielo, sumergir tu cara en un recipiente de agua fría.

Cuando tu cuerpo entra en contacto con el agua fría se despierta un reflejo que se llama el "Reflejo del buceador", el cual activa inmediatamente tu sistema de calma.

Reflexiona sobre cuál estrategia es la más apta para vos y mide la experiencia antes y después de hacerla.

_____
_____
_____
_____
_____
_____

En una escala de 0 a 10, donde 0 es el mínimo malestar o neutro y 10 el máximo que te imagines, ¿cuánto malestar sientes antes de utilizar la habilidad? _____

En una escala de 0 a 10, donde 0 es el mínimo malestar o neutro y 10 el máximo que te imagines, ¿cuánto malestar sientes después de utilizar la habilidad? _____

Habilidad 4:
Haciendo magia con mi cuerpo para transformar el malestar

Derritiendo el malestar con el ejercicio intenso

¿Cuál estrategia de ejercicio te sirve más?
Intenta hacer como si estuvieras corriendo, brincar, hacer sentadillas o lagartijas. Mueve tu cuerpo con fuerza para sacar todo ese impulso. Puedes tener una pesa y la levantas por un rato sintiendo como vas en contra de la naturaleza cómoda que siempre buscamos. Entre más logres mantenerte en ese ejercicio, más rápido bajará el impulso.

Luego de hacer el ejercicio nota cómo siente alivio tu cuerpo, nota como el corazón y sus palpitaciones se van regulando y nota el poder de la calma cuando se activa.

Reflexiona sobre cuál estrategia es la más apta para vos y mide la experiencia antes y después de hacerla.

_____
_____
_____
_____
_____

En una escala de 0 a 10, donde 0 es el mínimo malestar o neutro y 10 el máximo que te imaginas, ¿cuánto malestar sientes antes de utilizar la habilidad? _____

En una escala de 0 a 10, donde 0 es el mínimo malestar o neutro y 10 el máximo que te imaginas, ¿cuánto malestar sientes después de utilizar la habilidad? _____

Habilidad 4:
Haciendo magia con mi cuerpo para transformar el malestar

Despertando la calma con la respiración

¿Cuál estrategia de respiración te sirve más?

Respirar en forma de un rectángulo, inhalando con cada lado mas corto y exhalando en cada lado más largo.

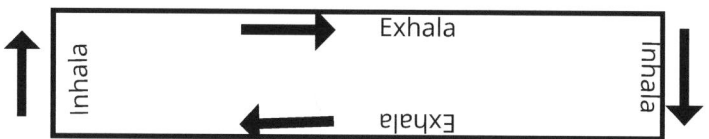

Poner tu mano frente a tu cara con los dedos abiertos y simular que apagas 5 velas y que cada dedo es una vela.

Soplar burbujas

¿Cualquier tipo de respiración divertida que encuentres!

Reflexiona sobre cuál estrategia es la más apta para vos y mide la experiencia antes y después de hacerla.

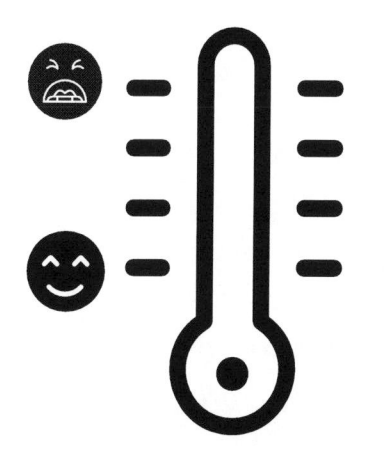

En una escala de 0 a 10, donde 0 es el mínimo malestar o neutro y 10 el máximo que te imagines, ¿cuánto malestar sientes antes de utilizar la habilidad? _____

En una escala de 0 a 10, donde 0 es el mínimo malestar o neutro y 10 el máximo que te imagines, ¿cuánto malestar sientes después de utilizar la habilidad? _____

Habilidad 4:
Haciendo magia con mi cuerpo para transformar el malestar
Tensando la incomodidad y alcanzando la calma

Este ejercicio se trata de **TENSAR** diferentes partes de tu cuerpo mientras **INHALAS**, después **SOSTENER LA PARTE TENSA** por unos 3 segundos y finalmente mientras **EXHALAS** vas **RELAJANDO** toda esa parte que estaba con tensión.

Focaliza tu atención en la sensación de tensión y relajación. Los músculos que se tensan son los siguientes:

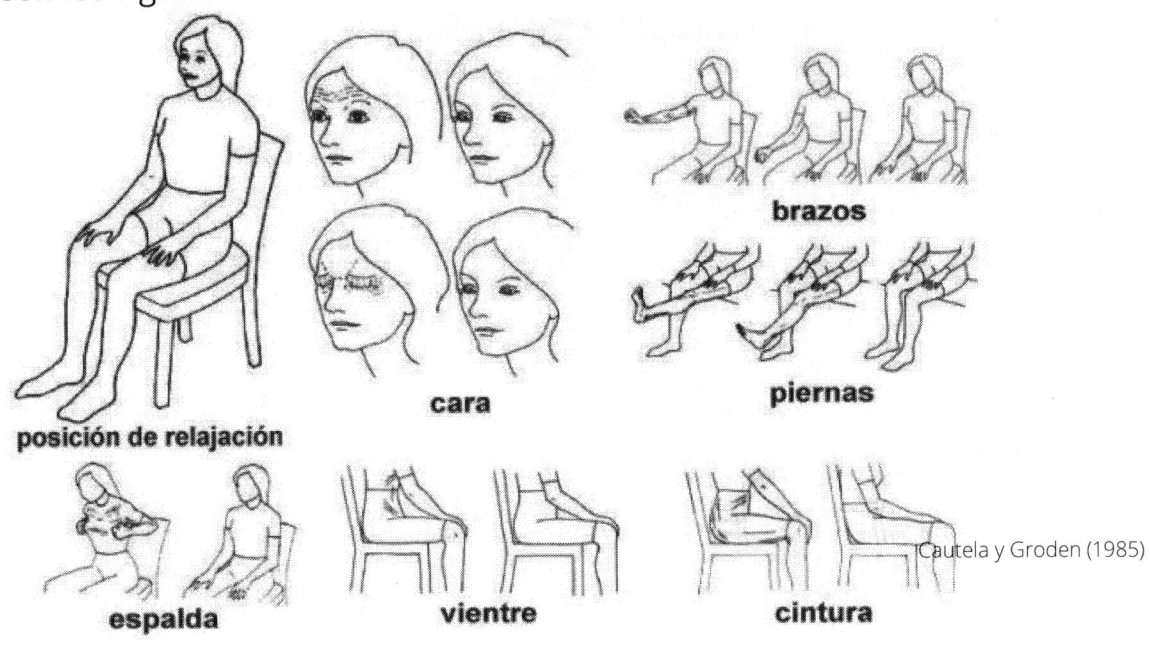

posición de relajación — cara — brazos — piernas — espalda — vientre — cintura

Cautela y Groden (1985)

Reflexiona sobre cuál es la parte o partes del cuerpo que más te agradaron y te ayudaron a calmar el impulso y mide la experiencia antes y después de hacerla.

En una escala de 0 a 10, donde 0 es el mínimo malestar o neutro y 10 el máximo que te imagines, ¿cuánto malestar sientes antes de utilizar la habilidad? _____

En una escala de 0 a 10, donde 0 es el mínimo malestar o neutro y 10 el máximo que te imagines, ¿cuánto malestar sientes después de utilizar la habilidad? _____

Habilidad 5 para detener crisis:
Activado el control racional y anticipando escenarios
PROS y CONTRAS

Esta habilidad te permite reflexionar sobre esos impulsos difíciles y poder conocerlos de lleno. Vas a responderte a las siguientes preguntas:
- ¿Qué tiene de bueno actuar o realizar ese impulso? (cuál es el PRO del impulso)
- ¿Qué tiene de malo actuar ese impulso? (cuál es el CONTRA del impulso, sus consecuencias negativas)
- Si decido hacer el cambio y resistirme al impulso, ¿cuál sería la ventaja? (PRO de resistirse al impulso)
- Si decido hacer el cambio y resistirme al impulso, ¿cuál sería la parte incómoda que me tocaría afrontar? (CONTRA de resistirme al impulso)

Todo cambio conlleva sus consecuencias y momentos de tensión, por ejemplo si piensas evitar comer chocolates después de un día difícil y es una conducta que llevas haciendo durante mucho tiempo, cuando decidas resistirte vas a tener que toparte con mucha incomodidad. Por esta razón, la lista de PROS y CONTRAS te permite prepararte.

Prepararte para los momentos impulsivos es una de las tareas más importantes que se tiene que intentar, ya que aunque muchos momentos de tensión surjan sin pensarlo, se podrá conocer con anticipación cuáles experiencias precipitan esos impulsos.

Si te preparas e inclusive ensayas de antemano las dificultades y buscas entre estrategias de afrontamiento entre las habilidades ACEPTAS, SALVARA, temperatura, ejercicio, respiración y tensión, será más fácil hacerle frente.

Además, poder leer los contras nos ayuda a tomar la decisión una y otra vez de mantenernos resistiéndonos al impulso.

Habilidad 5:
Activado el control racional y anticipando escenarios
PROS y CONTRAS

Actuar los impulsos	Pros de actuar los impulsos	Contras de actuar los impulsos
Resistirse a los impulsos	Pros de resistirse a los impulsos	Contras de resistirse a los impulsos

1. Piensa en todas las cosas que te generan actos impulsivos, puedes hacer listas de PROS y CONTRAS para que puedas anticiparte a esos momentos de tensión. ¡Cada día tendrás más capacidad de controlar ese impulso y surfearlo!
2. Considere los PROS y CONTRAS a corto plazo y largo plazo.
3. Antes que el impulso se encienda: Escribe todos los PROS y CONTRAS y llévalos siempre.
4. Cuando un impulso se enciende: Revisa tus PROS y CONTRAS e imagina las consecuencias positivas de resistirte al impulso. Imagina y recuerda del pasado, las consecuencias negativas de ceder a los impulsos de crisis.

Linehan, 2015

Habilidad 6 para detener crisis:
Poder de detener el impulso
S.T.O.P

Cuando eras más pequeño o pequeña quizás jugaste alguna vez "congelado", un juego que consistía en tocar a una persona persona y que se quedara quietecita sin moverse hasta que otra persona le "descongelara"

El S.T.O.P es el súper poder que permite congelarse cuándo el impulso empieza a subir. En esta ocasión, la tarea consiste en esperar a que puedas observar todos los detalles de lo que estás experimentando, los hechos que alimentan ese impulso. Es importante recordar que "hechos" se refiere a todo lo que es observable, es decir se debe evitar asumir como reales pensamientos, sentimientos o intenciones que creemos que son reales sin haberlos visto o detectado objetivamente. Por tanto, se estudia en profundidad todos los hechos y con base en eso, se toma distancia de todo, avanzando con mayor sabiduría cuando se logra bajar el impulso. Con mayor claridad es posible descongelarse y decidir una respuesta más adaptativa.

El S.T.O.P es jugar a que el impulso en lugar activarse rápidamente hacia acción, se dirige hacia una congelación y así poder tener capacidad para tomar decisiones más sabias.

¿Alguna vez jugaste el juego de "congelado"? ¿Como sería ese impulso congelado por un minuto? Dibújalo

Habilidad 6:
Poder de detener el impulso

S.T.O.P

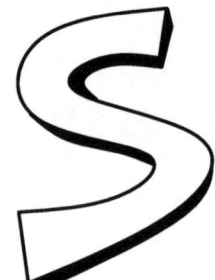

TOP= No reacciones. Detente. Congélate. No muevas ni un músculo. Tus emociones tratan de hacerte actuar sin pensar. Permanece en control.

OMA UN PASO ATRÁS DE LA SITUACIÓN= Toma un receso. Aléjate. Toma una respiración profunda. Evita que tus sentimientos te hagan actuar impulsivamente.

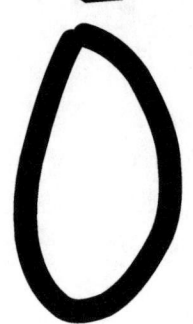

BSERVA= Nota lo que está pasando dentro y fuera de ti. ¿Cuál es la situación? ¿Cuáles son tus pensamientos y sentimientos? ¿Qué estan diciendo o haciendo los otros?

ROCEDE MINDFULLY= Actúa con consciencia en decidir que hacer, considera los pensamientos y los sentimientos, la situación, así como los pensamientos y sentimientos de las otras personas. Pregunta a tu mente sabia ¿Estas acciones harán las cosas peor o mejor?

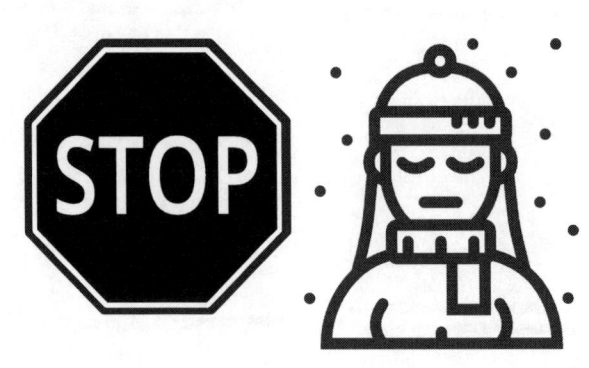

Linehan, 2015

Habilidad 6:
Poder de detener el impulso
S.T.O.P

Realiza un ejercicio de STOP

STOP ¿Qué impulso quieres congelar?

Toma un paso atrás, ¿Qué te sirvió para echar un paso para atrás? ¿Respirar? ¿Contar hasta 10? ¿Salir del lugar?

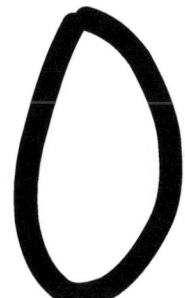

Observa: ¿Qué pasa a tu alrededor? ¿Qué hace la gente? ¿Qué sientes? ¿Qué te dices en tu mente? ¿Qué piensas? ¿Qué siente tu cuerpo? Observa sin juzgar. Describe los hechos

Procede mindful: Toma un decisión que hacer e inténtala

Habilidad 7:
Trascender el dolor aceptándolo

Siempre existirán situaciones incómodas, dolorosas y molestas. Por tanto, pelear contra la realidad, hace que la situación sea más molesta e incómoda.

Es importante recordar que se puede aceptar la realidad tal y como es, los hechos del pasado fueron lo que fueron, los del presente son lo que son, sin embargo, se pueden aceptar, comprendiendo que no es posible cambiarlos, aceptando desde la totalidad del cuerpo, mente y emociones. Sintonizar con el hecho que todas las situaciones tienen una razón de ser, es una manera de abrir espacio interior al aprendizaje, crecimiento y a la esperanza.

El camino que se debe atravesar para salir del sufrimiento es escalando el dolor. Al distanciarse del dolor, se encuentra la manera de aprender y crecer de éste, así como la llave para superarlo.

Aceptar el presente, soltar el pasado y evitar escaparse al miedo del futuro, es la estrategia para permanecer en el aquí y el ahora, así como activar la capacidad de solución de problemas.

Linehan, 2015

Habilidad 7:
Trascender el dolor aceptándolo

1. Observa lo que te está generando malestar (cada cosa que dices "Debería")
2. Recuerda que esa realidad desagradable es tal como es y no puedes cambiarla ("Así se dio")
3. Recuerda que existen causas para la realidad. Todo pasó por algo, aunque no fue tu responsabilidad ahora toca resolverlo y afrontarlo. Las cosas solamente tuvieron que ocurrir así.
4. Practica la aceptación con todo tu ser. Respira profundo, busca un sabio interior que te ayude a aceptar, con tu mente, tu corazón y tu cuerpo.
5. Combate la Mente Terca que quiere hacerte luchar contra eso.
6. Imagina un lugar bonito, busca imágenes de lugares de calma. Transporta tu mente a ese lugar.
7. Abre tus manos hacia el malestar, lleva esperanza a la nueva realidad que vendrá y finalmente observa esa situación que es difícil de aceptar
8. Imagina todas las cosas que harías si aceptaras los hechos. Actúa como si ya los hubieras aceptado. Intenta hacer una de esas conductas de aceptación.
9. Ensaya en tu mente lo que es difícil de aceptar
10. Lleva alivio y compasión a tu cuerpo, puedes validar tu malestar y a la vez aceptarlo.
11. Dirige tu mente hacia la aceptación todas las veces que sea necesario, observa tus creencias y emociones y trata de redigirlas hacia la aceptación.

Mazza et al., 2021

Habilidad 7:
Trascender el dolor aceptándolo

Realiza una lista de las cosas incómodas que quieres empezar a aceptar:

_____
_____
_____
_____
_____

Revisa las emociones, pensamientos, todas las partes de vos que se rehusen a aceptar eso, esa Mente Terca que le cuesta ver todo de manera distinta. Abre tus manos, pon una media sonrisa en tu cara e intenta ir aceptando una a una toda la experiencia. Escribe como te fue, si algo fue difícil intenta pensar y anticipar como podría ser más fácil la próxima vez:

_____
_____
_____
_____
_____
_____

Mazza et al., 2021

Habilidad 8:
Practica diariamente la calma Mindfulness

1. Mindfulness es la manera de estar consciente en el presente
2. Para hacer mindfulness únicamente se necesita focalizar la atención en el presente, lo que sea que se esté haciendo. Despertar la mente de principiantes, es decir darle la oportunidad a la mente de funcionar con la curiosidad y contemplación de un niño o niña de menor edad, que mira por primera vez cada experiencia.
3. Observa cada cosa que perciben los sentidos, describe la experiencia, sin juzgarla, sin cambiarla, eligiendo lo que es efectivo notar y a la vez, nota con delicadeza cada detalle y cada cosita que se se presenta. Cuando ya has vivido esa experiencia vas al interior y la vives de lleno.
4. Recuerda que solo observas cada pensamiento, sentimiento, conducta, impulso, todo tu mundo interior, así como todo tu mundo exterior, cada sonido, sensación, imagen.
5. Realiza cada ejercicio lentamente y sin juzgar, si aparecen pensamientos distractores, recuerda que es normal, solo obsérvalos, déjalos pasar y regresa a la tarea.
6. Intenta enfocarte en todo lo que es útil para ese momento, es decir si aparecen pensamientos que lastiman, intenta observarlos y dejarlos pasar, mientras que si aparecen pensamientos que son valiosos quedate ahí observando

Observa y describe

Sin juzgar

Sigue el flow de la experiencia solo si es necesario o si es agradable y sanadora

Sólo observar

Haciendo una cosa a la vez

Eligiendo lo que es efectivo

Adaptado de Linehan, 2015

Habilidad 8:
Practica diariamente la calma
Mindfulness
Clasificando la experiencia

Respira profundo y observa durante mínimo 1 minuto o más:
- Lo que sientes en tus emociones
- Lo que sientes en tu cuerpo
- Lo que piensa tu mente
- Lo que pasa afuera de tu cuerpo, en el ambiente y como te hace sentir en tu interior
- Todo lo que pasa dentro tu cuerpo

Ve clasificando cada situación, pensamiento, emoción, recuerdo. Imagina que dentro de tu mente hay una cinta transportadora de cajitas que llevan información clasificada sobre vos. En una van los pensamientos de miedo, en otra los pensamientos de alegría, en otra las emociones, distracciones, la información del afuera y así van organizándose todas las experiencias. Nota cómo las cajas se mueven y la información va pasando, en lugar de quedarse atorada en la mente, solo se mueve y fluye.

Deja en esas cajas toda a información para que puedas pasar a la que sigue.

Nota cómo todo va pasando.

En la siguiente página llena las información que pusiste en la cinta.

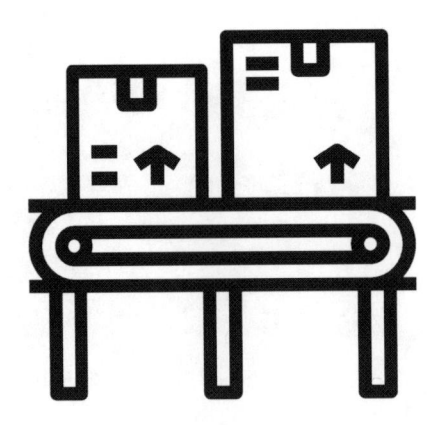

Adaptado de Linehan, 2015

Habilidad 8:
Practica diariamente la calma
Mindfulness
Clasificando la experiencia

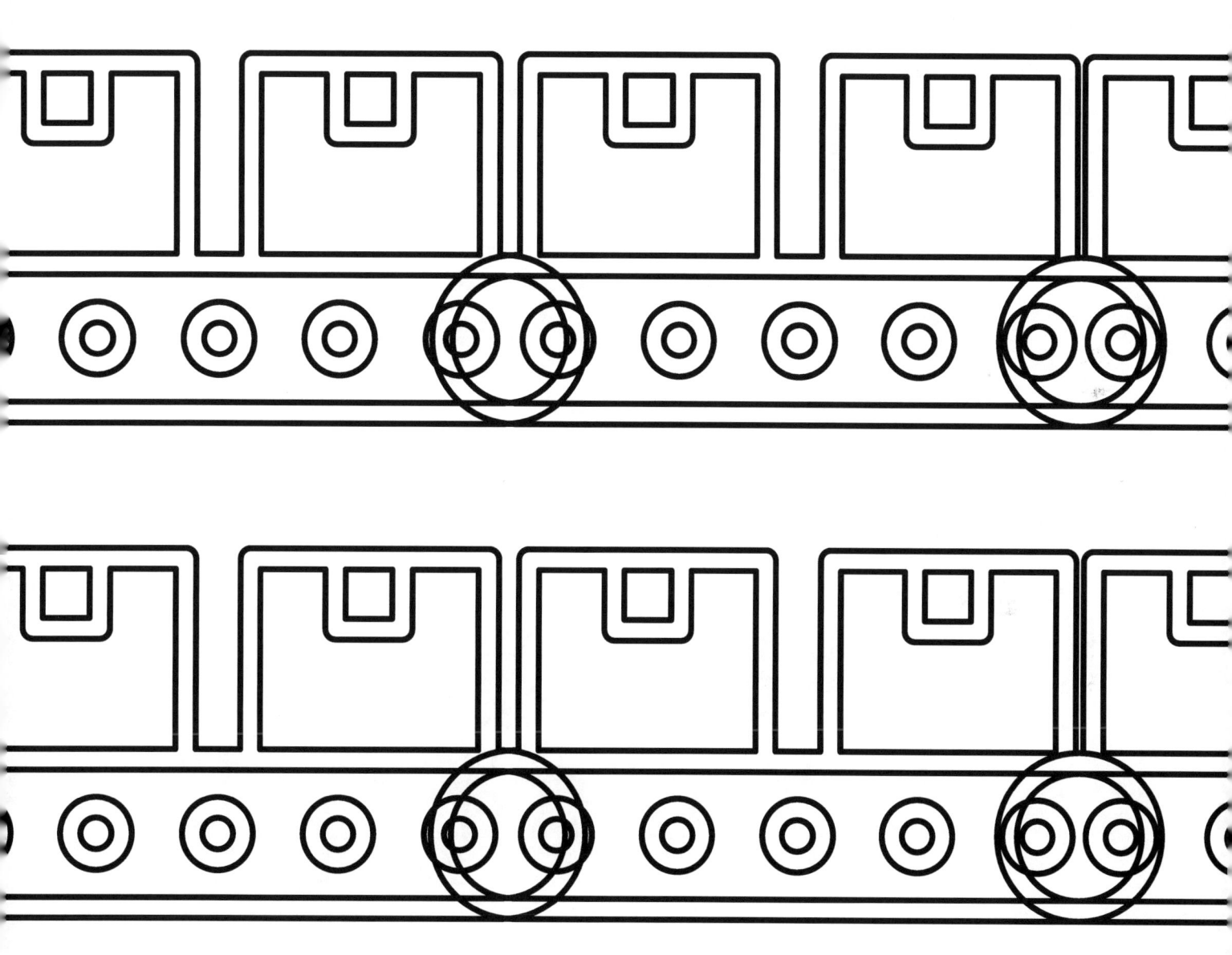

Cada cajita viaja en esta cinta transportadora con información, dibuja o escribe la información de tus pensamientos, sentimientos, cosas que observas, etc., y colócala en cada cajita. Deja que la cinta la mueva y pase a la siguiente.

Habilidad 8:
Practica diariamente la calma
Mindfulness

Imagina que este tren va transportando sentimientos, recuerdos, pensamientos, ve dejando la información en las estaciones correspondientes,, puedes decidir bajarte y disfrutar de las estaciones más agradables y necesarias para el día de hoy.

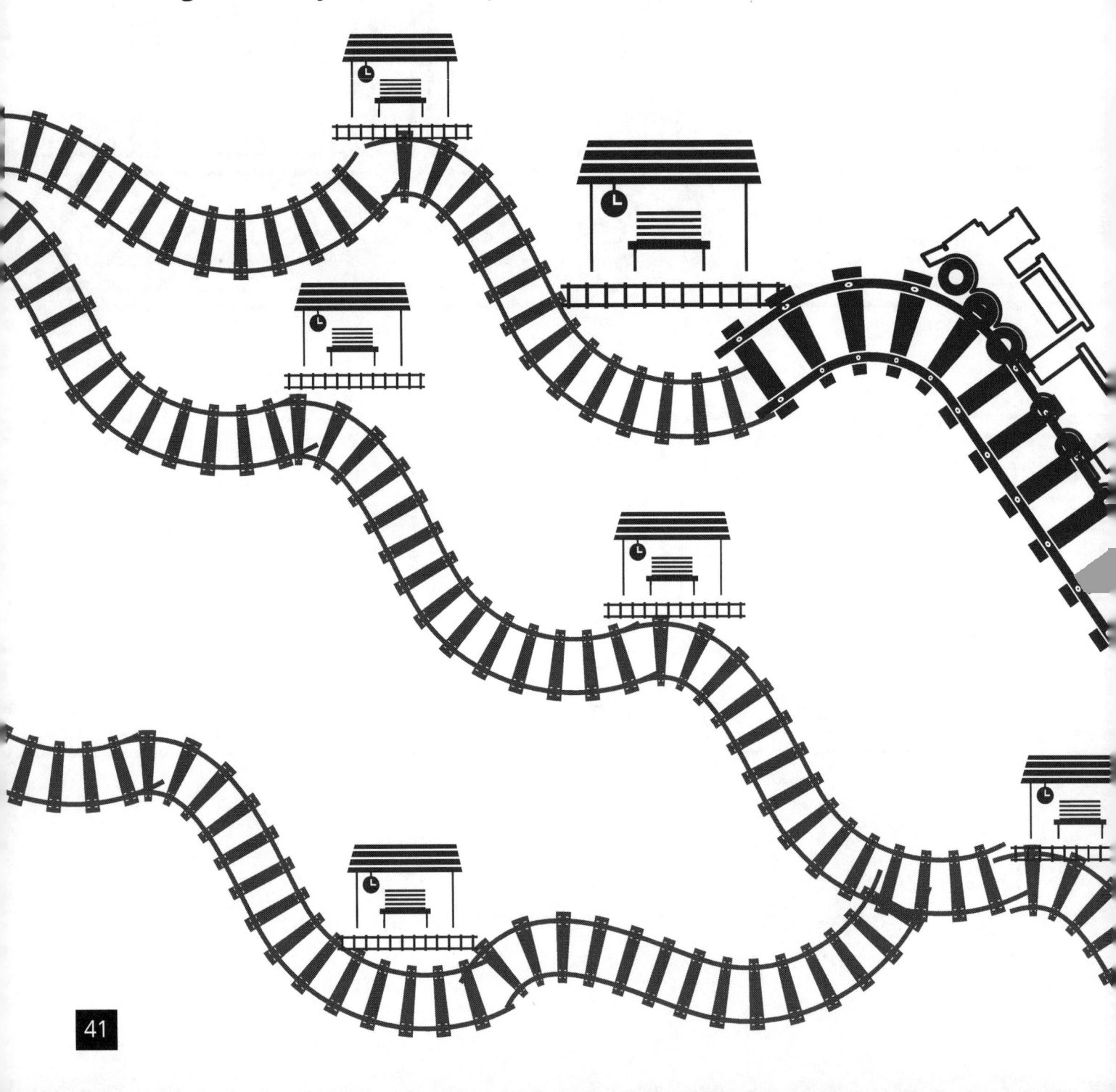

Habilidad 8:
Practica diariamente la calma
Mindfulness

Respira contando 1 mientras inhalas, 2 mientras exhalas, 3 e inhalas, 4 y exhalas y continúa así hasta llegar a 10

Enciénde una vela y obsérvala, también puedes observar colores del ambiente, o cosas que te llamen la atención

Inhala un aroma que te guste y agrade

Busca un sonido que te agrade y escucha la música y su efecto en vos
Tambien puedes prestar atención a los sonidos del ambiente

Realiza algún movimiento con tu cuerpo y percibe la experiencia

Prueba algo y percibe el sabor

Busca una textura y siéntela, puedes acariciar tu mascota o sentir una cobijita o paño caliente, también algún juego de manos, como spinner, plasticina, pop it, etc.

Habilidad 8:
Practica diariamente la calma
Mindfulness

Respira profundo y sigue con tus dedos este laberinto

Habilidad 8:
Practica diariamente la calma
Mindfulness

Respira profundo y sigue con tus dedos este laberinto

Habilidad 8:
Practica diariamente la calma
Mindfulness

Busca la salida de este laberinto mientras escuchas musica agradable

Habilidad 8:
Practica diariamente la calma
Mindfulness

Pinta la mandala

Habilidad 8:
Practica diariamente la calma
Mindfulness

Pinta la mandala

Habilidad 8:
Practica diariamente la calma
Mindfulness

Pinta las mandalas y elige una que te genere una sensacion de calma. Recórtala y llévala contigo o utilízala cuando la necesites

Habilidad 8:
Practica diariamente la calma
Mindfulness

Pinta las mandalas y elige el animal que te genere una sensación de calma. Recórtala y llévala contigo o utilízala cuando la necesites

Habilidad 8:
Practica diariamente la calma
Mindfulness

Pinta los trazos de la mandala, recortalos e intenta armar alguna forma

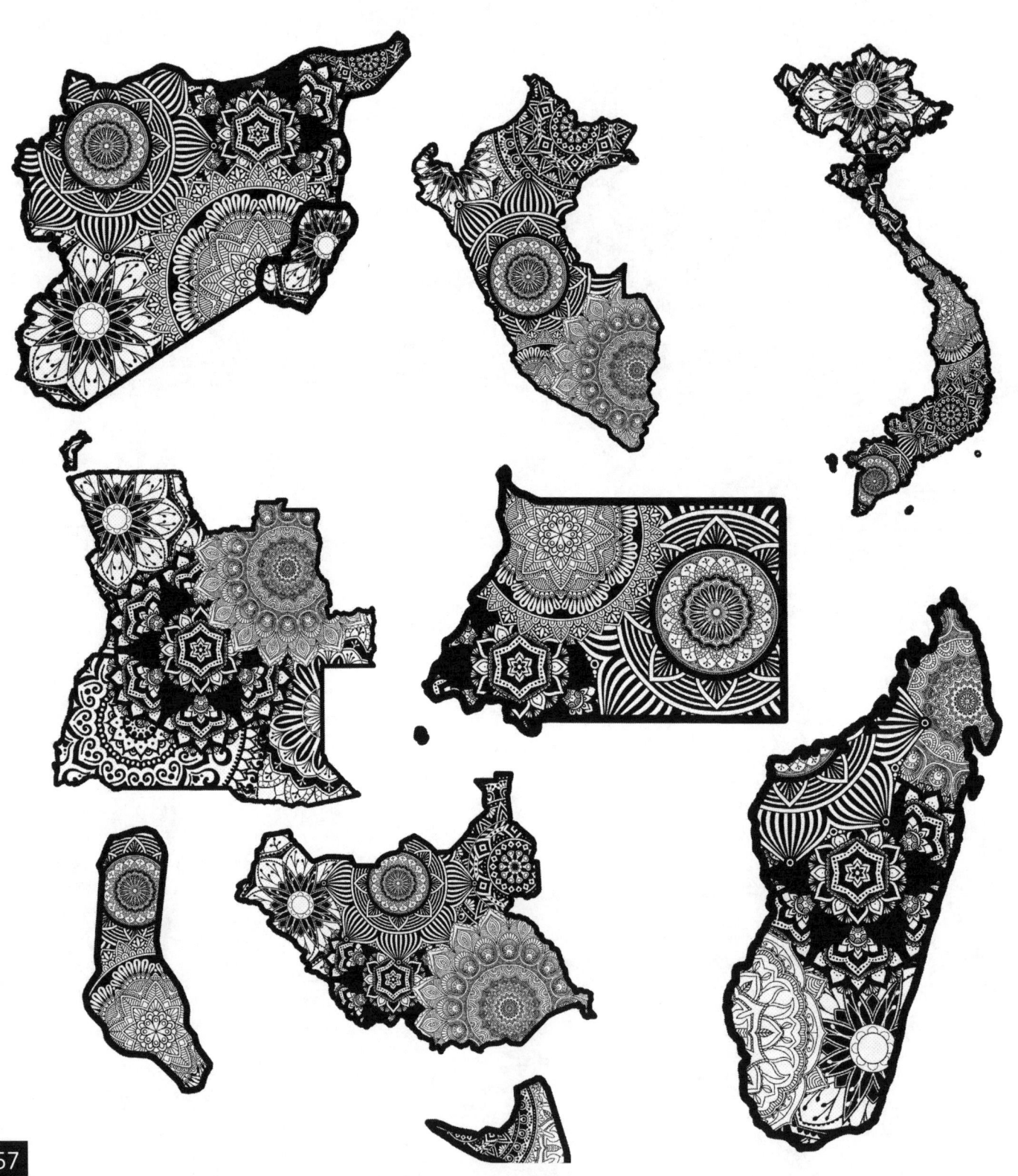

Habilidad 8:
Practica diariamente la calma
Mindfulness

Arma la mandala y bríndale un nombre o un significado, todo es válido. Reconoce como todo en la vida se puede armar y darle al forma que mejor nos parezca

Habilidad 8:
Practica diariamente la calma
Mindfulness

Inventa tus propios mindfulness, busca ejercicios en youtube y practica todos los que te sirvan. Escribe aquí todo lo que te ha funcionado.

Recuerda que el mindfulness **no busca alcanzar la relajación, si no ayuda a ser conscientes, es decir a saber y tener conocimiento de lo que sucede en el interior y exterior, para poder actuar sobre eso y encontrar soluciones o conservar las cosas que si ha ayudado.**

Recuerda hacer el ejercicio: SIN JUZGAR, PRESTANDO ATENCIÓN A UNA COSA A LA VEZ Y ELIGIENDO LO QUE TE ES EFECTIVO. SOLO OBSERVA LA EXPERIENCIA, DESCRÍBELA Y SI ES ALGO QUE TE FUNCIONA ÚNETE A ELLA EN FLOW O VIVIÉNDOLA DESDE LLENO

Habilidad 9:
Encuentra tu sabio interior

1. Busca un lugar cómodo y silencioso
2. Cierra tus ojos o bien, observa un punto fijo con tu mirada hacia abajo
3. Intenta localizarte en tu respiración
4. Recuerda que si tu mente se distrae, solo la regresas a tu ejercicio
5. Respira profundo y lento.
6. Imagina que viajas a tu interior, puedes usar varias metáforas: visualizando que estás bajando en un ascensor a tu profundidad, o que vas navegando en tu interior, que llega una luz y te lleva hasta tu centro.
7. Llega a ese lugar profundo de tu sabiduría, ese lugar donde vive tu sabio o sabia interior. Permite entrar en contacto con esta parte tuya.
8. Haz todas las preguntas, deja te que llene de calme y que te aconseje.
9. Permanece en este lugar el tiempo que necesites

Adaptado de Linehan, 2015

Habilidad 9:
Encuentra tu sabio interior

¿Cómo te imaginas a tu sabio o sabia interior? Dibújalo/a o descríbelo/a con palabras

Habilidad 10:
Manejando las autolesiones

Todas las estrategias revisadas te pueden ayudar en momentos en que sientas ese impulso de hacerte daño.

Sin embargo, a continuación hay una lista de cosas que te pueden servir puntualmente en esos momentos.

Antes de buscar que puedes hacer intenta notar cual es la emoción o el motivo de fondo que te impulsa a tener esa sensación de hacerte daño.

Puedes hacer mindfulness y buscar en tu mente, alguna información que esté por ahí explicando el motivo que te hace lastimarte.

¿Será porque tienes tristeza?
¿Te sientes con enojo?
¿Te sientes con un vacío interior?
¿Estás teniendo culpa?
¿Sientes como satisfacción al cortarte?
¿Te cuesta aguantarte el impulso?

Cuando encuentres el motivo, puedes utilizar las estrategias que vienen aquí con más tranquilidad

Habilidad 10:
Manejando las autolesiones

Antes de lesionarme, puedo intentar alguna de estas acciones y así retrasar ese impulso, después puedes buscar resolver el problema.

1. Permanecer en un lugar público
2. Estar con personas seguras y que me brinden apoyo
3. Llamar a un amigo o amiga
4. Escribir en un diario
5. Mirar una película graciosa
6. Hacer un contrato con mi terapeuta o alguna persona de confianza en donde me prometa a mí mismo/a vivir sin autolesión
7. Manejar o que me lleven en carro
8. Hacer ejercicios de relajación
9. Hacer una respiración profunda
10. Escuchar música
11. Leer un buen libro
12. Ir a caminar
13. Limpiar algo
14. Tomar un baño reconfortante
15. Hacer burbujas
16. Usar una liga en mi muñeca y tirarla
17. Sostener un hielo en tu mano
18. Usar un pilot o marcador que sea rojo y que se pueda lavar y hacerme dibujos en las partes que quisiera cortar
19. Alejarme de todas las cosas que pueda usar para lastimarme

Tomado de: McDougal, Armstron y Trainor (2010)

Habilidad 10:
Manejando las emociones fuertes que me hacen autolesionarme

Piensa si detrás de ese deseo de hacerte daño vive una de estas emociones e intenta practicar estas estrategias, notarás que te sentirás mejor.

Enojo:

- Sujetar un hielo en la mano
- Hacer algo que brinde una sensación intensa, como morder un limón
- Hacer ejercicio
- Caminar
- Romper un papel en pedazos y deshacernos de ellos
- Tomar una ducha con agua fría
- Escuchar música de enojo, cantar a solas, bailar
- Imagínate desquitándote con la persona que te hace sentir enojado(a) o molesto(a)
- Gritar muy alto
- Jalar una liga en tu muñeca
- Llorar, te ayuda a liberar las emociones, así como sentirte más libre y cansado(a) y si te quedas dormido(a), las cosas usualmente se sienten mejor cuando te despiertes.
- Golpear algo que no esté vivo y que no haga daño, como una almohada
- Tocar un instrumento musical o golpear ollas y tarros
- Aplastar latas de aluminio que se van a reciclar
- Levantar un palo y golpea un árbol
- Corta un carton o una vieja pieza de tela

Tristeza:

- Tomar un baño y hacerlo muy especial
- Leer un libro que quieras leer, como un libro infantil, que siempre tenga finales felices
- Cómprate un regalito
- Mira una película graciosa
- Mira caricaturas
- Sal de tu casa y visita alguna amistad
- Escribe, dibuja, toca un instrumento, exprésate creativamente
- Abraza un juguete de animal
- Abraza a alguna persona amada
- Abrázate a vos mismo(a)
- Realiza algo que amaste hacer cuando eras más pequeño(a)
- Lee chistes o historias graciosas – puedes encontrarlas en internet
- Habla con una amistad, sin hablar de tu autolesión, conversa sobre algo alegre, gracioso, distractor
- Piensa en las cosas que te hacen sentir feliz y haz una lista
- Acurrúcate en tu edredón
- Escucha música alegre o calmada
- Juega con tu mascota o con tu hermano(a)

Tomado de: McDougal, Armstron y Trainor (2010)

Habilidad 10: Manejando las emociones fuertes que me hacen autolesionarme

Piensa si detrás de ese deseo de hacerte daño vive una de estas emociones e intenta practicar estas estrategias, notarás que te sentirás mejor.

Vacío:

- Realiza algo que te genere una sensación intensa, como morder un limón o apretar un hielo
- Focalízate en una cosa. Trata de describirla como si fueras una persona que no puede ver
- Coloca tus dedos o tu mano en comida congelada como alrededor del tarro de helados
- Coloca tus manos en agua congelada, toma un baño con agua fría
- Focalízate en tu respiración y en como tu pecho y tu estómago se mueven cuando llevas el aire al interior y cuando lo sacas. Recuerdas que si fueras irreal jamás podrías respirar.
- Come algo con total consciencia y atención hacia ese alimento. Presta atención a su sabor, a las sensaciones que crea en tu boca. Descríbele la experiencia a alguien que no está sintiendo ese sabor.
- Haz una lista de todos los usos que tiene un objeto cualquiera. Ponete una meta de cuantos números quieres alcanzar, como 20, 40 o 50. Trata de superar ese número. No te detengas después de dos o tres usos.
- Interactúa con otras personas

Sentimiento de culpa o de ser una mala persona:

- Haz una lista de todas las cosas buenas que tengas. Ponéte un número meta que quieras alcanzar como 20, 40, 50. Trata de superar ese número. No te detengas después que descubras unas cuantas cosas buenas.
- Lee algo bueno que alguien te haya escrito en una carta, recomendación, mensaje de texto o evaluación.
- Habla con alguien que se preocupe por vos y te quiera
- Realiza algo lindo para alguien
- Recuerda los momentos en que hiciste algo bueno
- ¿Sobre que te estás sintiendo culpable? ¿Puedes hacer algo para cambiarlo ahora? Inténta hablar con la persona con quien sientes la culpa. Quizás se siente menos mal de lo que imaginas
- Si quieres autolesionarte o autocastigarte, castígate al prohibirte autolesionarte.

Tomado de: McDougal, Armstron y Trainor (2010)

Habilidad 10:
Manejando las emociones fuertes que me hacen autolesionarme

Piensa si detrás de ese deseo de hacerte daño vive una de estas emociones e intenta practicar estas estrategias, notarás que te sentirás mejor.

Adicción a la autolesión:

- Dibuja o escribe en tu piel con un lapicero marcador rojo
- Píntate algo en tu piel con un lapicero o marcador rojo
- Sujeta un hielo
- Jala una liga en tu muñeca
- Llora
- Realiza ejercicio
- Compra un tatuaje barato de esos que se borran en unos días y colócatelo
- Busca espacios en tu piel y cuídatelos con crema, agua, jabón.
- Busca imágenes de color rojo, que te distraigan y sean agradables.
- Quitate pelitos extra de tu con la pinza de cejas
- Intenta peinados diferentes
- Haste trenzas o colas bien talladas
- Pide que te hagan un masaje pesado en tu cuerpo o masajea tu cuerpo con algún objeto fuerte
- Alza pesas

Tolerar el impulso esperando:

- Juega el juego de los 15 minutos. Puedes decirte "no me voy a autolesionar por 15 minutos"
- Busca tu cantante o grupo favorito y decide que no te autolesionarás mientras lo escuches
- Elige un día de la semana y decide que jamás te autolesionarás ese día. Eventualmente agrega un segundo día, luego un tercer día y así.
- Compra un calendario y coloca un sticker o calcomonía cada día que pase sin autolesionarse
- Elige un lugar para que sea tu lugar de calma, un lugar en el que no te cortarás como en la cocina, tu cuarto, etc. Ve a ese lugar cuando tengas el impulso
- La idea es esperar antes de autolesionarse... el impulso se va a ir disminuyendo o bien va a ser más fácil manejarlo después de un rato.

Tomado de: McDougal, Armstron y Trainor (2010)

Habilidad 11:
Domando las aguas tensas de las emociones

Después de sobrevivir al impulso de la crisis, se continúa con el hacerse cargo de las emociones intensas. Para esto hay tres grandes tareas que aprender:

1. Domar las emociones reconociéndolas y entendiéndolas
2. Activar la capacidad de reaccionar adaptativamente al impulso de acción resistiéndose a éste o solucionando problemas.
3. Buscar cosas que generen emociones positivas y placenteras.
4. Activar la capacidad de reaccionar adaptativamente al impulso de acción.
5. Cuidar el cuerpo, la mente y emociones a través de buscar darse cariño y activar la empatía hacia vos.

Adaptado de Linehan, 2015

Habilidad 11:
Reconociendo las emociones

Enojado
Agresividad
Amargura
Desagrado
Frustración
Furia
Enfado
Odio
Venganza

Miedo
Alerta
Ansiedad
Desconfianza
Shock
Preocupación
Intranquilidad
Horror
Ansiedad

Triste
Herido/a
Solo/a
Molesto/a
Corazón quebrado
Depresivo/a
Melancólico/a
Devastado/a

Asco/Rechazo
Aversión
Menosprecio
Náusea
Repugnancia
Repulsión
Desagrado
Indignación
Menosprecio

Envidia
Anhelo
Amargura
Competencia
Insatisfacción
Resentimiento
Rivalidad
Rencor
Ambición

Celos
Amenaza
Autoprotección
Posesión
Rivalidad
Suspicacia
Desconfianza
Amenaza
Precaución

Amor
Adoración
Afecto
Deseo
Pasión
Simpatía
Ternura

Vergüenza
Bochorno
Humillación
Inseguridad
Invalidación
Pudor
Timidez
Lástima
Inseguridad

Culpa
Arrepentimiento
Lástima
Remordimiento
Equivocarse
Lamentarse

Alegría
Buen humor
Felicidad
Exaltación
Optimismo
Placer
Triunfo
Satisfacción
Esperanza

Linehan, 2014, Mazza, et al, 2021, Teen Thrive, 2021

Habilidad 11:
Reconociendo las emociones: Mitos

Cada emoción que experimentas tiene un sentido, un motivo, una comunicación que te transmite información. Es cierto que muchas veces la manera en que se interpretan las emociones cambia totalmente el sentido profundo de ellas y a veces generan más malestar. Lamentablemente, existen muchos mitos que gobiernan la manera en que se perciben las emociones y cambian totalmente la intención sabia que transmiten. Estos mitos son:

1. Hay una manera correcta de comportarse en cada situación
2. No debería permitir que los demás conozcan como me estoy sintiendo, pensarían que soy débil
3. Los sentimientos negativos son malos
4. Sentirse triste es tonto
5. Si duele es malo
6. Las emociones intensas y abrumadoras me permiten activar mi creatividad
7. Soy dramático(a) por naturaleza
8. Si siento que me odian debe ser verdad
9. Las emociones intensas y abrumadoras son la única manera de sentir motivación
10. Las personas que no hacen lo que sienten no son genuinamente libres, se debe expresar las emociones tal cual las sientes
11. Las emociones son una pérdida de tiempo
12. Los hombres no deberían llorar y las mujeres son emocionalmente débiles

Ninguno de esos mitos es válido

Linehan, 2014, Mazza, et al, 2021, Teen Thrive, 2021

Habilidad 11:
La realidad de las emociones

1. Cada situación genera emociones diferentes y cada quien las vive de forma independiente

2. Las emociones tienen como función comunicar el estado interior para que los demás puedan brindar ayuda.

3. Es cierto hay emociones que se pueden sentir desagradables, pero evitarlas anula su mensaje.
Las emociones son emociones, es importante evitar catalogarlas de buenas o malas.

4. Todas las personas vamos a experimentar tristeza, es necesaria para sobrevivir, es una reacción de sobrevivencia ancestral, para nada es tonta.

5. El dolor es parte de la vida, es importante reconocerlo para hacer cambios y buscar mejorar el ambiente interior y exterior.

6. Si las emociones alcanzan niveles intensos, es importante hacer algo para ayudarles a volver a su funcionamiento equilibrado.

7. Nadie es dramático(a), existen personas que sienten un poco más sus emociones, por lo que deben aprender a cuidarlas para evitar que salgan de intensidad.

8. Las emociones son información que alerta, pero jamás hacen referencia a hechos, se pueden escuchar y desde ahí prestar atención alrededor para comprobar o refutar la información que transmiten.

9. Las emociones intensas y abrumadores son una invitación para cuidarse, revisar que las detonó y prevenir que se active nuevamente su energía, la cual avisa que hay que sobrevivir a una amenaza.

10. Aunque la emoción tenga un sentido válido, muchas veces su expresión o conducta asociada puede ser desadaptativa, generando más malestar, por esto se debe aprender a regular o controlar la expresión de esta emoción.

11. Las emociones son necesarias para la supervivencia, ayudan a planificar la conducta, a anticipar peligros, defenderse de los obstáculos, asegurar la permanencia en un grupo, cuidar lo que se quiere, rechazar lo que hace daño, etc.

12. Las emociones viven en todas las personas, tenemos emociones, sin que sea un signo de debilidad, al contrario, son el medio de sobrevivencia que tiene el cerebro desde épocas ancestrales.

Linehan, 2014, Mazza, et al, 2021, Teen Thrive, 2021

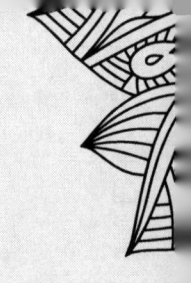

Habilidad 11:
Mis Mitos

Escribe los mitos que obstaculizan tu capacidad para lidiar con las emociones y al lado, incluye el debate que te permite refutar ese mito y poder tener una relación saludable con tus emociones:

¡Team Emociones!

Habilidad 11:
Sentándome a tomar un café con cada emoción

En la siguiente sección encontrarás una serie de pautas para conocer a tus emociones.

Todas las emociones pueden salir a la luz desde el interior por diversos motivos, pero existen motivos específicos en cada que las hace despertar. Además, cuando salen, se muestran a través del cuerpo y en ocasiones toman el control, provocando conductas, pensamientos y sensaciones específicos.

En ocasiones, estas acciones tienen consecuencias que permiten acercarse a las metas, pero en otras ocasiones, más bien, alejan a las personas de sus metas y valores.

Por esta razón, se irá conociendo a cada emoción. Cuando se tiene la capacidad de conocer cada emoción en general, es más fácil pasar a la segunda parte, que consiste en comprobar si esa emoción ayuda o si bien, es necesario dominarla un poco para acercarse a las metas y valores. La manera de manejarla es cuidándolas y atendiéndolas, pero sin actuar sus impulsos de la manera en que ellas quisieran.

Así, dejan de ser una reacción automática para llegar a ser algo más controlado.

¡Anímate a asumir este nuevo reto!

¡Team Emociones!

Habilidad 11:
Sentándome a tomar un café con el SR. ENOJO

¿Qué eventos hacen que me despierte?
Cuando quieres alcanzar un objetivo y te bloquean
Cuando las cosas no salen como esperas
Cuando tienes dolor físico y/o emocional
Cuando pierdes poder, respeto o algo que quieres
Cuando los demás te amenazan o amenazan a alguien a quien quieres

¿Cuáles de estas te ha tocado vivir? ¿Hay otra cosa que despierte tu enojo? _____

¿Qué te hago pensar/interpretar cuando te visito?
Que has sido tratado de manera injusta, que tienes la razón, te hago culpar a los demás, juzgar las cosas como buenas o malas, creer que tus metas van a ser bloqueadas, darle vueltas y vueltas a lo que te generó enojo, creer que las cosas DEBERÍAN ser diferentes a lo que son.

¿Cuáles pensamientos surgen en vos? ¿Hay otros? _____

¿Cómo me muestro en tu cuerpo?
Te hago contraer tus músculos, ser incapaz de detener las lágrimas, apretar los dientes, querer pegarle a alguien, golpear la pared, tirar algo, estallar, apretar los puños, sentir que tu cara se calienta como si fueras a explotar, palpitar tu corazón rápido.

¿Cómo me veo en tu cuerpo? ¿Hay otras cosas que te pasen? _____

¿Qué cosas quiero que hagas?
Atacar física o verbalmente, hacer gestos agresivos o amenazantes, golpear, tirar cosas, romper cosas, caminar pisando fuerte, dar portazos, irte, usar un tono de voz fuerte, decir malas palabras criticar, apretar las manos y los puños, fruncir el ceño, no sonreír, poner mala cara, alejarte, evitar a la gente, llorar, hacer burlas, sonrojarte

¿Que te hace hacer el enojo a vos? ¿Hay otras cosas? _____

¿Cuáles son las consecuencias cuando aparezco?
No te dejo poner atención a otras cosas, solo imaginas cosas que te hacen enojar, solo piensas en lo que te enoja, alejo a las personas que quieres
¿Qué te pasa a vos? _____

Linehan, 2014, Mazza, et al, 2021,
Teen Thrive, 2021

Habilidad 11:
Sentándome a tomar un café con el SR. RECHAZO-ASCO

¿Qué eventos hacen que me despierte?
Ver u oler desperdicios humanos o animales
Que se acerque una persona o animal sucio
Probar o sentir obligación de probar algo que no quiero
Ver a alguien que actúa con hipocresía, crueldad, que lastime
Contactos físicos no deseados
Cualquier experiencia que dañe la dignidad
¿Cuáles de estas te ha tocado vivir? ¿Hay otra cosa que despierte el asco? _____

¿Qué te hago pensar/interpretar cuando te visito?
Creer que estás tomando algo tóxico, que tienes contaminación, suciedad, que tienes partes del cuerpo horribles, que eres irrespetuoso/a, pensar que tu mente está contaminada, desaprobar tu conducta, emociones, pensamientos, juzgarte

¿Cuáles pensamientos surgen en vos? ¿Hay otros? _____

¿Cómo me muestro en tu cuerpo?
Sensación de náuseas, impulso de vomitar, sensación de atragantamiento o asfixia, toser, impulso de bañarte, escapar, alejarte, sentir suciedad, toxicidad o contaminación en tu mente o cuerpo.

¿Cómo me veo en tu cuerpo? ¿Hay otras cosas que te pasen? _____

¿Qué cosas quiero que hagas?
Vomitar, escupir, cerrar los ojos, mirar hacia otro lado, limpiar todo, cambiarte de ropa, evitar comer o beber, patear o empujar, salir corriendo, atacar a alguien, decir malas palabras, poner cara de asco, fruncir la nariz,

¿Que te hace hacer el asco a vos? ¿Hay otras cosas? _____

¿Cuáles son las consecuencias cuando aparezco?
Perder la atención, volverte muy sensible a la suciedad, pensar en exceso sobre lo que te genera asco ¿Qué te pasa a vos? _____

Linehan, 2014, Mazza, et al, 2021,
Teen Thrive, 2021

Habilidad 11:
Sentándome a tomar un café con LA SRA. ENVIDIA

¿Qué eventos hacen que me despierte?
Una persona posee algo que quieres o necesitas pero no tienes
Alguien recibe un reconocimiento y vos no lo recibes
No perteneces a un grupo de personas sobresalientes
Estar entre personas que tienen más que vos
Recordar o que te recuerden que tienen algo que vos no tienes
Alguien contra quien compites es más exitoso/a que vos
Saber que no eres parte de un grupo social y tampoco encajas
Conocer a alguien que parece tenerlo todo
Otra persona obtiene reconocimiento por algo que vos hiciste
¿Cuáles de estas te ha tocado vivir? ¿Hay otra cosa que despierte la envidia? _____

¿Qué te hago pensar/interpretar cuando te visito?
Creer que mereces lo que tienen otros, pensar que los otros tienen más, suponer que la vida ha sido más generosa con los demás, sentir que la vida te ha tratado injustamente, pensar que eres: inferior, un fracaso, mediocre; creer que tienes mala suerte, compararte con personas que tienen más , compararte con personas que tienen características que quisieras tener, pensar que eres poco valorado/a.

¿Cuáles pensamientos surgen en vos? ¿Hay otros? _____

¿Cómo me muestro en tu cuerpo?
Tensión muscular, apretar dientes, rigidez, sentir la cara caliente, sonrojarse, apretar puños de las manos, odiar a la otra persona, nervios, incomodidad, querer que la persona que envidias fracase o pierda, sentir placer con el fracaso de los demás, sentirse infeliz cuando los demás tienen suerte.

¿Cómo me veo en tu cuerpo? ¿Hay otras cosas que te pasen? _____

¿Qué cosas quiero que hagas?
intentar tener más, trabajar más, mejorar tu situación, quitarle las cosas a alguien, atacar o criticar, provocar el fracaso en los demás, decir cosas malas de la otra persona, sentirte competitivo/a

¿Que te hace hacer la envidia a vos? ¿Hay otras cosas? _____

¿Cuáles son las consecuencias cuando aparezco?
Perder la atención, pasar atento/a a lo que hacen los demás, no considerar lo que tienes, evitar a personas que tienen lo que quieres, pensar solo sobre esto ¿Qué te pasa a vos? _____

Linehan, 2014, Mazza, et al, 2021, Teen Thrive, 2021

Habilidad 11:
Sentándome a tomar un café con el SR. MIEDO

¿Qué eventos hacen que me despierte?
Tu vida, salud o bienestar están amenazados
Recuerdos de momentos aterradores
Estar en la oscuridad, en una multitud, salir de casa, la velocidad, los aviones
Tener que hacer algo frente a los demás
Vivir una situación en dónde te sentiste bajo amenaza, dónde tuviste una herida
Perseguir tus sueños
¿Cuáles de estas te ha tocado vivir? ¿Hay otra cosa que despierte el miedo? _____

¿Qué te hago pensar/interpretar cuando te visito?
Creer que puedes morirte, que pueden lastimarte, dañarte, que puedes perder algo valioso, que te pueden criticar o rechazar, pensar que vas a fracasar, anticipar fracasos, vergüenzas, creer que nadie te va a ayudar, o que perderás algo que deseas, que perderás el control o que perderás la capacidad de algo

¿Cuáles pensamientos surgen en vos? ¿Hay otros? _____

¿Cómo me muestro en tu cuerpo?
Transpirar, ansiedad, nervios, intranquilidad, temblar, lanzar miradas rápidas alrededor, sentir ahogo, nudo en el pecho o estómago, falta de aire, respiración rápida, tensión muscular, diarrea, vómitos, sentir pesadez, sentir escalofríos, piel erizada, evitar cosas, salir corriendo, ganas de gritar o pedir ayuda

¿Cómo me veo en tu cuerpo? ¿Hay otras cosas que te pasen? _____

¿Qué cosas quiero que hagas?
Hablar de manera nerviosa, temerosa, tono de voz bajo, quebradizo, llorar o gritar, suplicar o pedir ayuda, escapar, huir, correr o caminar apurado, esconderte o evitar lo que temes, tratar de no moverte, hablar menos o quedarte sin habla, ponerte vigilante con todo, genero: diarrea, vómitos, pelos erizados

¿Que te hace hacer el miedo a vos? ¿Hay otras cosas? _____

¿Cuáles son las consecuencias cuando aparezco?
Perder la atención, pasar viendo amenazas, pérdidas, fracasos, perder el control, aislarte, pasar asombrado, pensar y pensar solo sobre esto ¿Qué te pasa a vos? _____

Linehan, 2014, Mazza, et al, 2021,
Teen Thrive, 2021

78

Habilidad 11:
Sentándome a tomar un café con el SR. CELOS

¿Qué eventos hacen que me despierte?
Alguien te quita algo importante
Una relación querida está en riesgo de romperse
Te enteras que la persona con la que sales tiene una relación especial paralela
Alguien sale con la persona que te gusta
No te sientes una prioridad para la persona a quien amas
Tu pareja o la persona que te gusta presta atención a alguien que percibes más atractivo/a

¿Cuáles de estas te ha tocado vivir? ¿Hay otra cosa que despierte los celos? _____

¿Qué te hago pensar/interpretar cuando te visito?
Creer que tu pareja no se preocupa por vos, no eres valioso/a para tu pareja, que tu pareja te va a dejar, que no estás a la altura de las amistades de tu pareja, que te han engañado, que nadie se preocupa por vos, creer que tu pareja se comporta inadecuadamente

¿Cuáles pensamientos surgen en vos? ¿Hay otros? _____

¿Cómo me muestro en tu cuerpo?
Falta de aire, taquicardia, sensación de atragantamiento o ahogo, tensión muscular, oprimir los dientes, desconfianza, herida en el amor propio, sentirte rechazado/a, búsqueda de algo que te controle, desesperanza, necesidad de aferrarte a lo que tienes, alejar o eliminar a la persona rival

¿Cómo me veo en tu cuerpo? ¿Hay otras cosas que te pasen? _____

¿Qué cosas quiero que hagas?
Aferrarte a conservar lo que tienes, actuar violentamente con la persona, intentar controlar a la otra persona, acusar de deslealtad o infidelidad, espiar a la otra persona, interrogar, controlar el tiempo o actividades, coleccionar evidencias de cosas malas, aumentar la dependencia, volverse pegajoso/a, incrementar las demostraciones de amor,

¿Que te hacen hacer los celos a vos? ¿Hay otras cosas? _____

¿Cuáles son las consecuencias cuando aparezco?
Perder la atención, ser muy vigilante, ver lo peor en los demás, cambiar las interpretaciones de los eventos para sugerir celos sin razón, evitar a la persona,
¿Qué te pasa a vos? _____

Linehan, 2014, Mazza, et al, 2021, Teen Thrive, 2021

Habilidad 11:
Sentándome a tomar un café con la SRA. TRISTEZA

¿Qué eventos hacen que me despierte?
Cosas que no resultan como esperabas
La pérdida, fallecimiento de una persona querida, o de algo que querías
Que suceda algo que no querías
No conseguir lo que crees que necesitas y quieres
No obtener algo por lo que trabajaste
Separarte de alguien que quieres, extrañar algo.
Sentir rechazo o exclusión, desaprobación, poca valoración
Descubrir que se tiene poco poder
Estar cerca de alguien triste, con dolor, escuchar problemas de otras personas
¿Cuáles de estas te ha tocado vivir? ¿Hay otra cosa que despierte la tristeza? _____

¿Qué te hago pensar/interpretar cuando te visito?
Creer que te han separado de alguien por mucho tiempo o para siempre, pensar que eres inútil o con poco valor, suponer que no vas a conseguir lo que deseas, pensar que no hay esperanza, que nada será placentero
¿Cuáles pensamientos surgen en vos? ¿Hay otros? _____

¿Cómo me muestro en tu cuerpo?
Sentir cansancio, agotamiento, pérdida de energía, lentitud, ganas de estar en la cama todo el día, dolor o nudo: en el pecho, estómago; aumento o disminución del apetito, sentir un vacío interior, dificultad para: llorar, tragar, falta de aliento y mareo

¿Cómo me veo en tu cuerpo? ¿Hay otras cosas que te pasen? _____

¿Qué cosas quiero que hagas?
Evitar las cosas, fruncir el ceño, ojos caídos, acostarse, sentarse, inactividad, hablar lento, arrastrar los pies, hacer todo más lento, desplomarse, mantener postura caída, no hablar, decir solo cosas tristes, expresarse: lento, bajo y monótono; no tratar de mejorar, descuidarse, solo hablar de la tristeza, aislarse, darse por vencido/a, pensar mucho en la tristeza, llorar, sollozar, estar con melancolía,
¿Que te hace hacer la tristeza a vos? ¿Hay otras cosas?
_____

¿Cuáles son las consecuencias cuando aparezco?
Evitar pensar y sentir, hacer cosas impulsivas para distraerte, estar muy preocupado/a por vos mismo/a, creer que tienes defectos, aislarte, sentir enojo
¿Qué te pasa a vos?

_____

Linehan, 2014, Mazza, et al, 2021, Teen Thrive, 2021

Habilidad 11:
Sentándome a tomar un café con la SRA. VERGÜENZA

¿Qué eventos hacen que me despierte?
Sentir rechazo por personas que te importan
Hacer, sentir o pensar algo que puede ser considerado incorrecto o inmoral
Recordar algo inmoral o vergonzoso que hayas hecho en el pasado
Exponer un aspecto privado de vos o de tu vida
Que alguien se entere que te equivocaste, fallar en algo que eres competente
Sentirte el objeto de burla
Vivir una traición o rechazo por alguien a quien amas
Tener emociones que han sido invalidadas o han dicho que no deberías tener
Que te ataquen
¿Cuáles de estas te ha tocado vivir? ¿Hay otra cosa que despierte la vergüenza? _____

¿Qué te hago pensar/interpretar cuando te visito?
Creer que te van a rechazar, juzgarte como persona inferior, autoinvalidarte, compararte negativaemente con otras personas, pensar que eres una persona perdedora, sentir que tu cuerpo tiene alguna imperfección, pensar que eres inmoral, con defectos, incorrecto/a, creer que no alcanzas las expectativas, suponer que no logras lo que se espera de vos, creer que tus conductas, pensamientos o sentimientos son tontos o estúpidos
¿Cuáles pensamientos surgen en vos? ¿Hay otros? _____

¿Cómo me muestro en tu cuerpo?
Dolor en la boca del estómago, sensación de miedo, llanto, lágrimas, sollozos, sonrojarte, querer esconderte o hacerte más pequeño/a, querer cubrir tu cara y tu cuerpo.

¿Cómo me veo en tu cuerpo? ¿Hay otras cosas que te pasen? _____

¿Qué cosas quiero que hagas?
Esconder tus conductas o características a los demás, evitar a la persona que te juzga o critica, ignorar tus cosas, distraerte, retirarte, taparte o esconderte, inclinar la cabeza, arrodillarte frente a otra persona, arrastrarte o rebajarte, bajar los ojos, mirar hacia otro lado, evitar a la persona que heriste, poner tu cuerpo en una postura decaída, pedir disculpas muchas veces, hablar con volumen bajo y entrecortado
¿Que te hace hacer la vergüenza a vos? ¿Hay otras cosas?

¿Cuáles son las consecuencias cuando aparezco? _____
Perder la atención, incapacidad para recordar cosas alegres, sentirse irritable, susceptible, gruñón/a, quejarte por las cosas o personas perdidas, tener una mirada negativa, solo pensar lo malo, culparte, criticarte, recordar solamente cosas tristes, desesperanza, pérdida de interés en cosas que te gustaban. ¿Qué te pasa a vos?

Linehan, 2014, Mazza, et al, 2021,
Teen Thrive, 2021

81

Habilidad 11:
Sentándome a tomar un café con la SRA. CULPA

¿Qué eventos hacen que me despierte?
Hacer o pensar algo que crees que está mal, que traspasa tus valores personales
No cumplir una promesa
Causarte daño o lastimarte
Recordar o que te recuerden algo que hiciste mal en el pasado
Causar daño a alguien o algo que valoras
Dañar algún objeto

¿Cuáles de estas te ha tocado vivir? ¿Hay otra cosa que despierte la culpa? _____

¿Qué te hago pensar/interpretar cuando te visito?
Pensar que eres culpable, creer que te comportaste mal, pensar "quizás si hubiera hecho algo diferente..."
¿Cuáles pensamientos surgen en vos? ¿Hay otros? _____

¿Cómo me muestro en tu cuerpo?
Cara roja, calor, incomodidad, inquietud, sofocación

¿Cómo me veo en tu cuerpo? ¿Hay otras cosas que te pasen? _____

¿Qué cosas quiero que hagas?
Pedir disculpas reiteradamente, aislarse, castigarse, tratar de reparar el daño, compensar, cambiar los resultados del daño, confesarse, reconciliarse, bajar la cabeza, arrodillarse frente a la otra persona
¿Que te hace hacer la culpa a vos? ¿Hay otras cosas? _____

¿Cuáles son las consecuencias cuando aparezco?
Hacer promesas de cambio, cambiar la conducta, buscar ayuda, pensar mucho sobre lo mismo, aislarnos o evitar ¿Qué te pasa a vos? _____

Linehan, 2014, Mazza, et al, 2021,
Teen Thrive, 2021

Habilidad 11:
Sentándome a tomar un café con la SRA. ALEGRÍA

¿Qué eventos hacen que me despierte?
Alcanzar el éxito, lograr un resultado deseado, conseguir aquello por lo que trabajaste
Recibir estima, respeto y alabanzas
Recibir una sorpresa agradable
Que las cosas resulten mejor que lo que esperabas
Tener sensaciones agradables
Hacer cosas que generen sensaciones placenteras en la mente
Sentir aceptación por parte de las demás personas
Pertenecer a un grupo
Recibir afecto, amor, simpatía

¿Cuáles de estas te ha tocado vivir? ¿Hay otra cosa que despierte la alegría? _____

¿Qué te hago pensar/interpretar cuando te visito?
Interpretar las cosas placenteras tal y como son, sin quitarle nada

¿Cómo me muestro en tu cuerpo?
Sentirse con pasión, impulso a continuar haciendo lo que genere alegría, sentir energía, actividad, tener risas continuas, sentir paz,

¿Cómo me veo en tu cuerpo? ¿Hay otras cosas que te pasen? _____

¿Qué cosas quiero que hagas?
Sonreír, tener una expresión facial con más luz, estar con inquietud y en actividad, compartir sentimientos, comunicar buenos deseos, abrazar personas, dar saltos, decir cosas positivas, usar tono de voz entusiasta, estar más conversador/ora
¿Que te hace hacer la alegría a vos? ¿Hay otras cosas?_____

¿Cuáles son las consecuencias cuando aparezco?
Ser cortés con los/as demás, recordar e imaginar otras veces en las que has estado alegre, esperar sentir alegría en el futuro, tener un punto de vida positivo, tener tolerancia a las preocupaciones, dificultades o molestias ¿Qué te pasa a vos? _____

Linehan, 2014, Mazza, et al, 2021, Teen Thrive, 2021

Habilidad 11:
Sentándome a tomar un café con el SR. AMOR

¿Qué eventos hacen que me despierte?
Hacer cosas que valoras o admiras
Sentir atracción física hacia alguien
Estar con alguien con quien te diviertes
Pasar mucho tiempo con una persona
Compartir una experiencia especial con una persona
Tener comunicación muy buena con alguien
Alguien te ofrece o te da algo que deseas, necesitas o anhelas

¿Cuáles de estas te ha tocado vivir? ¿Hay otra cosa que despierte el amor?

¿Qué te hago pensar/interpretar cuando te visito?
Creer que la persona te ama, necesita o aprecia, pensar que la persona es físicamente atractiva, pensar que la persona tiene una personalidad maravillosa, creer que se puede contar con esa persona para siempre o que siempre estará para vos
¿Cuáles pensamientos surgen en vos? ¿Hay otros?

¿Cómo me muestro en tu cuerpo?
Sentir entusiasmo, energía, corazón late más rápido, sentir mariposas en el estómago, felicidad, alegría y euforia, relajación, calma, deseos de dar lo mejor para esa persona, darle o mejor de sí, compartir tiempo con la persona, estar físicamente cerca de la persona, sentir sensación de poder, actuar con seguridad, buscar cercanía emocional e intimidad

¿Cómo me veo en tu cuerpo? ¿Hay otras cosas que te pasen?

¿Qué cosas quiero que hagas?
Decir "te amo", "te quiero", expresar sentimientos positivos a la persona, mirarse a los ojos y contemplarse mutuamente, tocar, mimar, abrazar, sostener, acariciar, sonreír, compartir tiempo y experiencias con la persona, hacer cosas que la otra persona quiere o necesita.
¿Que te hace hacer el amor a vos? ¿Hay otras cosas?

¿Cuáles son las consecuencias cuando aparezco?
Ver solo el lado positivo de la persona, tener olvidos, distracción, soñar despierto/a, sentirse con confianza, recordar a otras personas que amaste, recordar otras personas que te amaron, recordar situaciones positivas, sentirse con más vida y con capacidades, creer más en sí mismo/a ¿Qué te pasa a vos?

Linehan, 2014, Mazza, et al, 2021, Teen Thrive, 2021

Habilidad 11:
Reconoce las 3 emociones que más te visitan y responde a esto

¿Qué eventos hacen que se despierten?

¿Qué te hacen pensar/interpretar cuando te visitan?

¿Cómo se muestran en tu cuerpo?

¿Qué cosas te hacen hacer?

¿Cuáles son las consecuencias cuando aparecen?

Habilidad 11:
Dibuja esas tres emociones

Habilidad 12:
Cambiando las respuestas emocionales

Los pensamientos e interpretaciones sobre las situaciones influyen en las emociones y muchas veces hace que se sientan con más intensidad. Además, las emociones, también ponen unos lentes para interpretar las situaciones, los cuales muchas veces son erróneos. Por ejemplo:

Mis pensamientos influyendo en mis emociones:
"Me encuentro a una amiga en el supermercado, ella me saluda un poco rápido. En ese momento, mi mente piensa seguro está enojada conmigo y empiezo a sentirme preocupada y ansiosa". Claramente, yo estoy haciendo una interpretación y no sé qué es lo que piensa ella. A veces el cerebro hace creer que tenemos la capacidad de leer la mente de los demás.

Mis emociones influyendo en mis pensamientos:
"Pasé una mala noche, con pesadillas, me levanto con un poco de ansiedad. No le doy importancia a mi emoción y me voy al cole sintiendo esa sensación incómoda en mi cuerpo. Me digo a mi misma "no seas ridícula."Ese día voy al cole y la profesora nos deja una tarea algo grande. Yo inmediatamente tengo más ansiedad, me da miedo no tener la capacidad de hacerla y empiezo a llorar pensando que "no puedo". En ese momento, ya tenía ansiedad que no logré cuidar y tranquilizar en su momento y sin querer la ansiedad, influyó de forma negativa en la percepción que tenía sobre la tarea.

Linehan, 2014, Mazza, et al, 2021, Teen Thrive, 2021

Habilidad 12:
Cambiando las respuestas emocionales

Cuando las emociones llegan es importante hacer un ejercicio rápido para entender el motivo de su visita.

Si solamente se les permite pasar y ser ellas mismas, sin poner restricciones a: sus conductas, sus pensamientos e interpretaciones; es posible que enreden el panorama y causen problemas.

Por esta razón, es importante entender la información válida que traen, además de evaluar si la conducta e interpretaciones que les acompañan se ajustan o nos ayudan con la situación que las despertó, o bien, llegan a enredar y complicar todo aún más.

Entonces, para organizar la conducta de acuerdo a la emoción y la situación, es necesario revisar todos los hechos asociados y verificar si la emoción se ajusta, o si está siendo un poco extrema. Si las emociones no se ajustan hay que considerar resolver el problema o bien, nadar en contra de la corriente de la emoción.

Linehan, 2014, Mazza, et al, 2021, Teen Thrive, 2021

Habilidad 12:
Cambiando las respuestas emocionales
Recobrando el control

Recuerda:

Siempre se sienten emociones y todas son válidas, está bien sentirlas, sin embargo, todas las personas son capaces de decidir qué cosas hacen con esas emociones y qué cosas eligen pensar para darle un significado más saludable.
¡Esta es la regla para poder controlarlas!

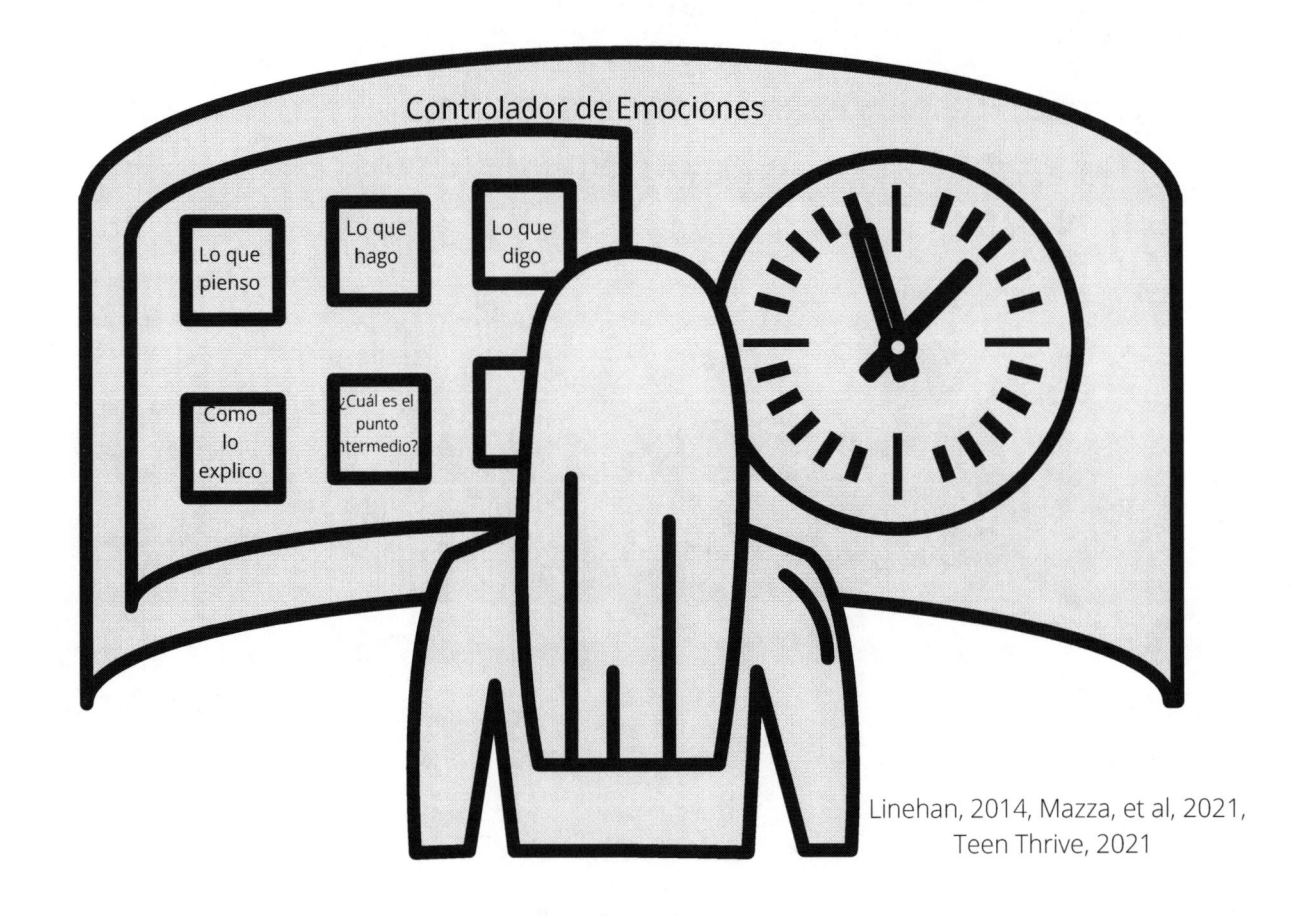

Controlador de Emociones

- Lo que pienso
- Lo que hago
- Lo que digo
- Como lo explico
- ¿Cuál es el punto intermedio?

Linehan, 2014, Mazza, et al, 2021, Teen Thrive, 2021

Habilidad 12:
Cambiando las respuestas emocionales
Siendo más que mis pensamientos

Los pensamientos van a influir en las emociones y la manera en que actúan. Muchas veces se les da un significado a las emociones o a las situaciones desde una posición ¡JUZGADORA!

ALTO: Esta posición juzgadora conduce a hacer interpretaciones erróneas y cargadas de catastrofización, genera mucho daño y activa de manera negativa las emociones.

El primer paso es observar los pensamientos

1. Coloca un reloj de 3 a 5 minutos
2. Toma unas respiraciones profundas y cierra los ojos
3. Haz una imagen de ti en alguno de estos escenarios y mira tus emociones y los pensamientos, míralas que pasan como nubes o como carteles en la calle o como escritas como los créditos de una película y continúa respirando, observa mientras pasan
4. Cuando veas tus emociones y sus pensamientos, acepta su presencia, las emociones son válidas, los pensamientos son sólo pensamientos y son pasajeros
5. RECUERDA SOY MÁS QUE MIS EMOCIONES Y SOY MÁS QUE MIS PENSAMIENTOS

Ves las nubes pasar, cada una es una emoción o pensamiento

Vas por la carretera cada anuncio es una emoción o pensamiento

Los créditos del final de la película son pensamientos y emociones que vas viendo como bajan y los dejas pasar

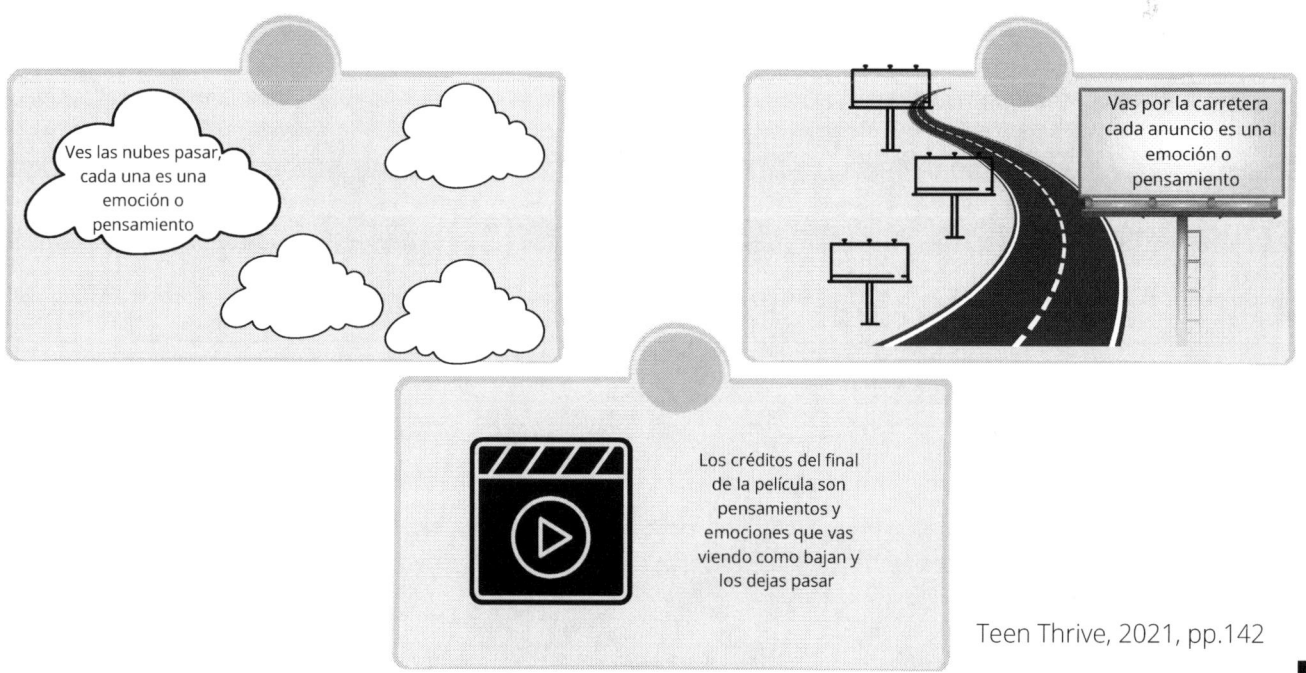

Teen Thrive, 2021, pp.142

Habilidad 12:
Cambiando las respuestas emocionales
Siendo más que mis pensamientos

¿Cuál de los tres escenarios te hizo sentir más comodidad? ¿Qué descubriste con respecto a tus emociones y pensamientos?

Comenta qué pasó cuando dejaste pasar las emociones y pensamientos, entendiendo que eres más que sólo un pensamiento y una emoción; y que nadie está condenado/a a actuarlos o tomarlos como certeza o realidad

Reflexiona al respecto:

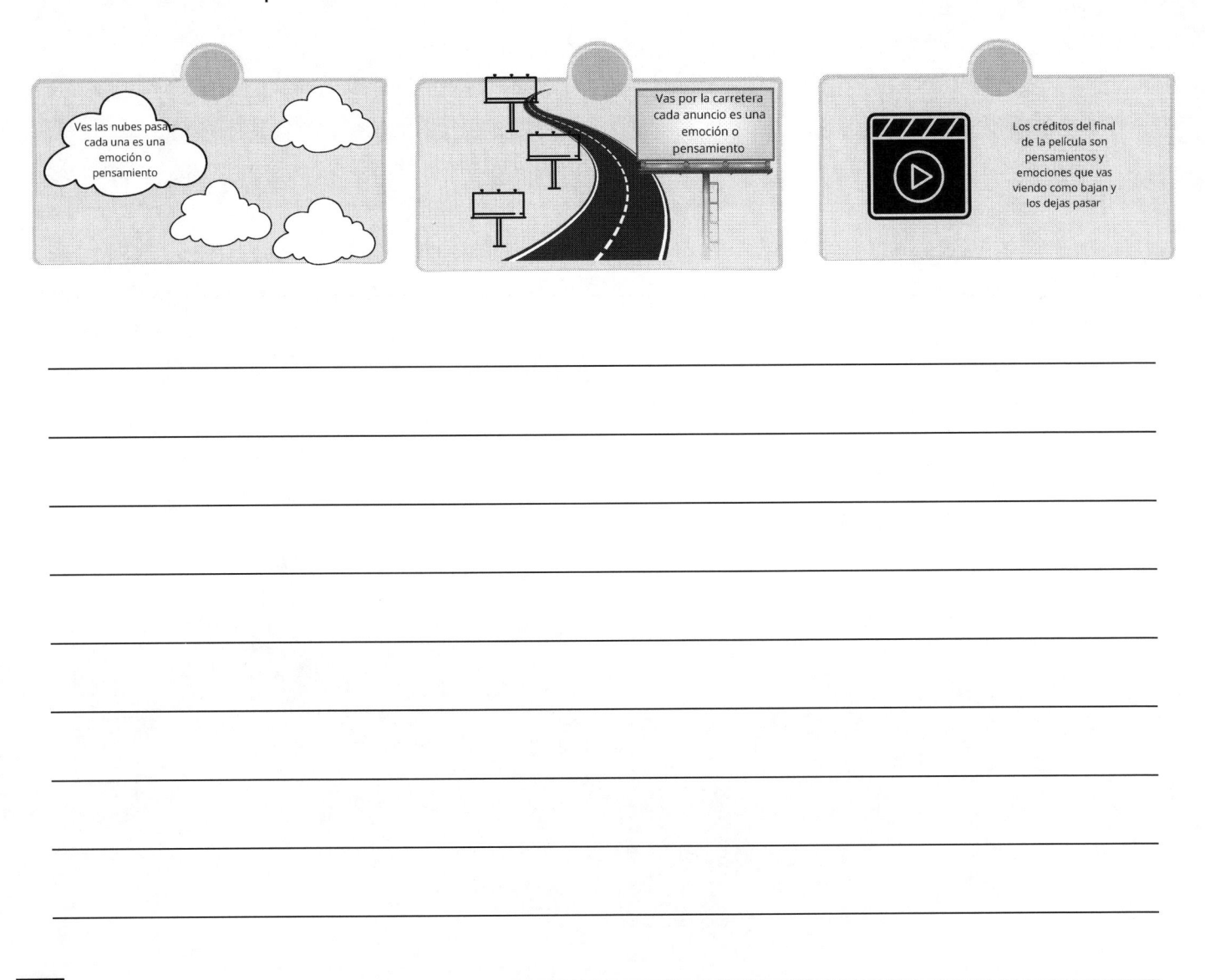

- Ves las nubes pasar, cada una es una emoción o pensamiento
- Vas por la carretera, cada anuncio es una emoción o pensamiento
- Los créditos del final de la película son pensamientos y emociones que vas viendo como bajan y los dejas pasar

_____
_____
_____
_____
_____
_____
_____
_____

Habilidad 12:
Cambiando las respuestas emocionales
Viendo la imagen completa

Siempre es necesario tener pensamientos más realistas y saludables, pensamientos que permitan ver toda la imagen en conjunto.

Las personas muchas veces utilizan un estilo de pensamiento de FILTRAJE, que filtra solamente las cosas negativas y se queda con ese pedacito de la imagen, no les permite verla de manera completa.

Imagina que abres una cortina de una ventana solo un poquito y la imagen es una rama, piensas que tienes al frente un bosque seco y con poca naturaleza, pero si abres toda la cortina puedes ver toda la imagen y al lado de esa rama seca hay un bosque hermoso esperando ser explorado.

El pensamiento de filtraje hace que se vea solamente lo negativo y quedarse con esa impresión. Cuando este pensamiente flote por la mente, hay que intentar visualizar toda la imagen.

¿Cuál es el pensamiento de filtraje que se activa?	Nadie se preocupa por mí
Describe la situación en la que tuviste ese pensamiento	Cuando me siento mal, llamo a mis amistades para sentirme mejor, somos un grupo de 5. Un día en la noche me sentí mal y los llamé. Nadie me respondió
¿Cuáles fueron los pensamientos que tuviste y las emociones que sentiste?	**Pensamiento:** Me siento sola. Mis amigos ya no me quieren. No hay nadie para mi. **Emociones:** Tristeza, soledad
¿Cuál es la evidencia a su favor?	Nadie me respondió cuando les necesitaba
¿Cuál es la evidencia en su contra?	Seguro estaban ocupados/as, siempre me llaman un rato después, solo porque estén ocupados/as y no puedan hablar no quiere decir que no me quieren
Describe la situación después de ver toda la imagen	Me sentí mal porque nadie me quiere hablar ahora mismo, pero eso no significa que nadie me quiere. Aunque me sirve hablar cuando me siento mal, hoy puedo intentar hacer algo diferente.
¿Cómo puedes hacerle frente a la emoción?	Voy a ver Shrek siempre me hace reír. Seguro mis amigos/as estarán libres para hablar más tarde

Teen Thrive, 2021, pp.145

Habilidad 12:
Cambiando las respuestas emocionales
Viendo la imagen completa

Busca ver la imagen completa de la situación para ir cambiando tus pensamientos

Recuerda: "El control está dentro de vos, puedes elegir pensamientos más saludables viendo la imagen completa"

¿Cuál es el pensamiento de filtraje que se activa?

Describe la situación en la que tuviste ese pensamiento

¿Cuáles fueron los pensamientos que tuviste y las emociones que sentiste?

¿Cuál es la evidencia a su favor?

¿Cuál es la evidencia en su contra?

Describe la situación después de ver toda la imagen

¿Cómo puedes hacerle frente a la emoción?

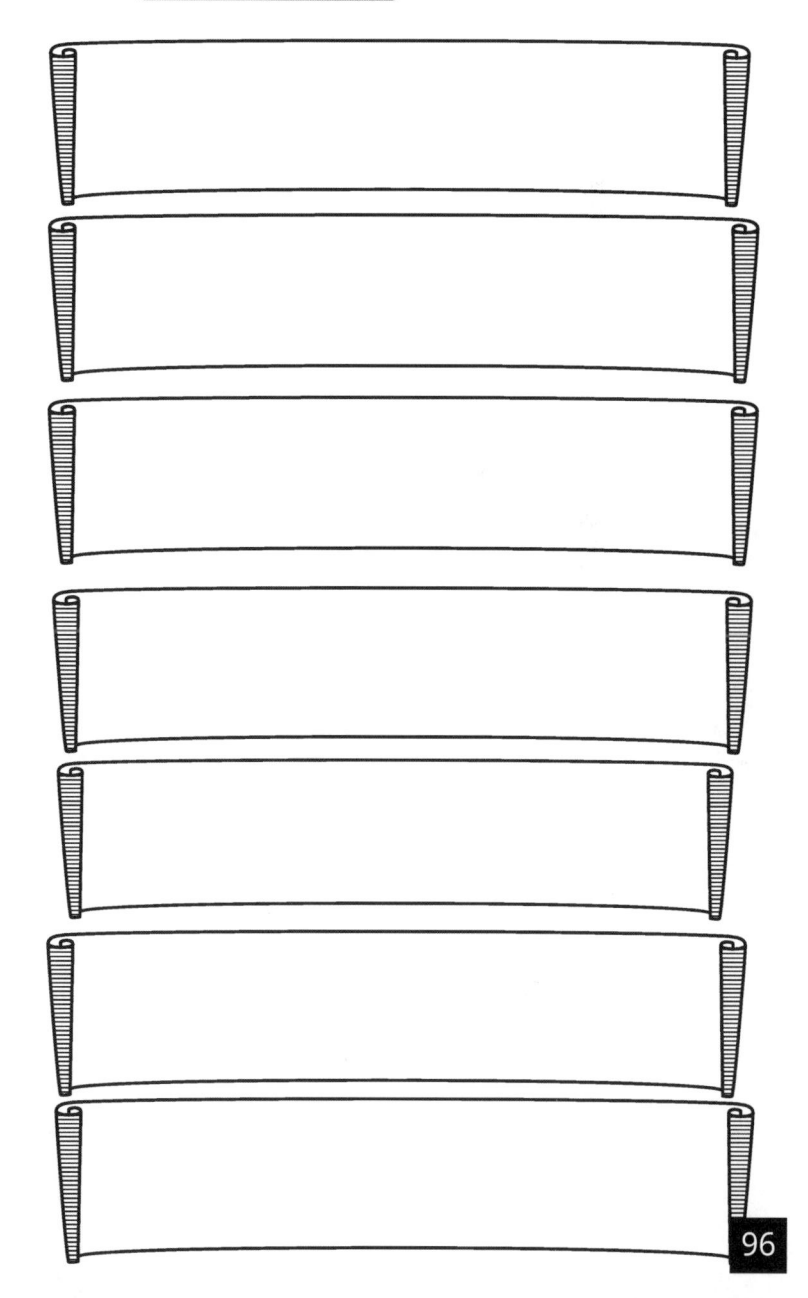

Teen Thrive, 2021, pp.145

96

Habilidad 12:
Cambiando las respuestas emocionales
Viendo con lentes más claros

Una primera manera de tener más control de las emociones es verificar con lentes claros lo que está pasando. Hay unos pasos muy fáciles que facilitan el poder mirar con claridad la realidad de lo que está pasando.

Para eso se debe verificar si la emoción se ajusta a los hechos. Recuerda que las emociones y acciones se pueden activar por los pensamientos e interpretaciones que se hacen a partir de los eventos, en lugar de ser activadas directamente por las situaciones en sí.

A la vez, también las emociones pueden tener un efecto en los pensamientos sobre los hechos (repasa la pagina 76).

Adaptado de Linehan, 2015 y Mazza et al., 2021

Habilidad 12:
Cambiando las respuestas emocionales
Viendo con lentes más claros
¿Se ajusta mi emoción a los hechos?

Mi emoción está basada en hechos cuando el ambiente la activa. Es como si fuera un botón que se oprime y abre la emoción. De esta manera se puede descubrir cuál es el botón que hace un "click" directo con la emoción.

Por ejemplo, es esperable sentir tristeza si falleció alguien a quien estimo. Es esperable sentir enojo frente a una ofensa. Es razonable tener miedo si hay un peligro inminente que hace sentir amenaza

Otras veces, solamente se siente una emoción y lo que la ha activado tiene que ver con la interpretación, los significados, o con cosas que no necesariamente están pasando. Por ejemplo, "esa persona me vio extraño", "sentí enojo cuando me dio un cumplido", o bien, "me puse a pensar que el examen será muy difícil y por eso sentí mucho miedo y me paralicé".

Es cierto que **TODAS LAS EMOCIONES SON VÁLIDAS**, sin embargo, es importante que sean manejadas de forma diferente de acuerdo lo que las está activando. Es decir,

- Puedes decidir hacer unas cosas si se ajustan a los hechos
- Puedes decidir hacer otras cosas si no se ajustan a los hechos

VER LA IMAGEN COMPLETA AYUDARÁ A SABER QUÉ HACER

Habilidad 12:
Cambiando las respuestas emocionales
Viendo con lentes más claros
¿Se ajusta mi emoción a los hechos?

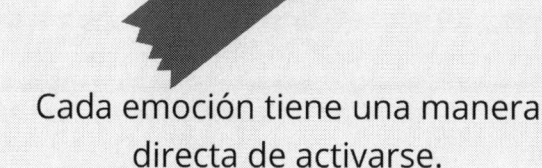

Cada emoción tiene una manera directa de activarse.

Se revisarán los motivos que activan a cada una de las emociones.

Para reconocer lo que la está activando, es importante ver la Imagen Completa o preguntarnos con curiosidad:

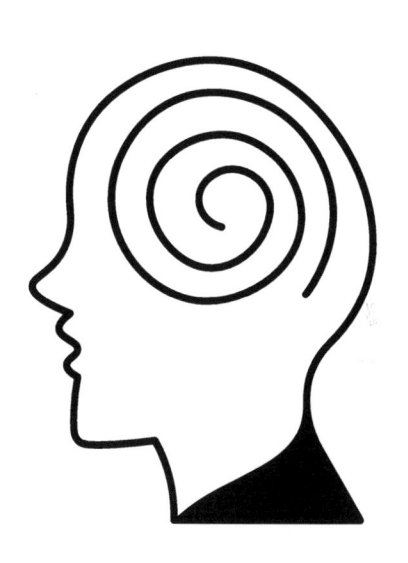

¿Qué está activando mi emoción?

El camino para descubrir esta respuesta es el Mindfulness o la observación con mucha calma de tu interior.

Mazza et al., 2021

Habilidad 12:
Cambiando las respuestas emocionales
Viendo con lentes más claros
Hechos o situaciones que activan las emociones

¿Cuándo una emoción se ajusta a los hechos?

Miedo:
- Cuando hay una amenaza en mi vida o en la de alguien importante para mí.
- Cuando hay una amenaza para mi salud o la de alguien importante para mí.
- Cuando hay una amenaza en mi bienestar o en la de alguien importante para mí.

Enojo:
- Cuando un objetivo importante para mí es bloqueado o hay obstáculos para alcanzarlo
- Cuando recibo un ataque o me lastiman, también cuando alguien que es importante para mi recibe un ataque o le hieren.
- Cuando perdí poder, respeto o la posición social tenía.

Mazza et al., 2021

Habilidad 12:
Cambiando las respuestas emocionales
Viendo con lentes más claros
Hechos o situaciones que activan las emociones

¿Cuándo una emoción se ajusta a los hechos?

Celos:
- Cuando tengo una amenaza o peligro de perder una relación importante.
- Cuando alguien me trata de quitar un objeto o relación que sea importante para mí.

Amor:
- Cuando una persona, animal o cosa me brinda algo que quiero, necesito o deseo.
- Cuando una persona, animal o cosa mejora mi calidad de vida o la de las personas que son importantes para mi.

Asco/Rechazo:
- Cuando algo con lo que estoy en contacto me puede contaminar o envenenar.
- Alguien que me disgusta me está tocando a mí o alguien que me importa.
- Cuando estoy cerca de una persona o un grupo que tienen conductas o pensamientos que podrían dañarme o tener influencia negativa para mí.

Mazza et al., 2021

Habilidad 12:
Cambiando las respuestas emocionales
Viendo con lentes más claros
Hechos o situaciones que activan las emociones

¿Cuando una emoción se ajusta a los hechos?

Tristeza:
- Cuando he perdido a alguien o algo importante para mí.
- Cuando las cosas no salen como quería o esperaba que fueran.

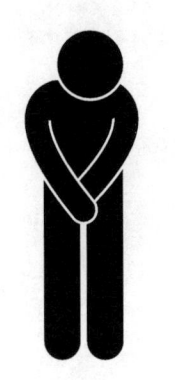

Vergüenza:
- Cuando una persona o un grupo de personas que son importantes para mí me rechazan por una situación, que se refiere a mis conductas o mis características personales y físicas.

Culpa:
- Cuando estoy haciendo algo que creo que esta mal.
- Cuando estoy haciendo algo que viola mis valores personales o metas a largo plazo.

Envidia:
- Otra persona o grupo tiene lo que yo necesito o quiero y que no tengo

Mazza et al., 2021

Habilidad 12:
Controlando el impulso de la emoción

Las emociones son saludables y todas las personas merecen sentirlas, sin embargo están acompañadas de impulsos específicos que muchas veces complican más las situaciones.

Los impulsos de las emociones muchas veces ocurren sin pensar y nos conducen a reacciones dañinas y peligrosas.

Imagina que vas conduciendo y que la persona en el carro de adelante hace una imprudencia al adelantar. El enojo aparece repentinamente como una manera de defenderte ante la posibilidad que te hagan daño. Inmediatamente sientes el impulso de gritar, tus puños se cierran y sientes un deseo de golpear a esa persona. Sin embargo, sabes que es importante controlar ese impulso porque de lo contrario las consecuencias pueden ser terribles, por ejemplo hacer daño a una persona por una situación que tiene solución, provocar un accidente más grande, que las personas te vean extraño. Así que aprendes a sentir la emoción pero CONTROLANDO EL IMPULSO.

Ahora imagina que te comunican una noticia muy dolorosa, inmediatamente identificas la tristeza, tus ojos se humedecen, quieres llorar, te das el permiso de sentir la emoción y llorar, sin embargo, aunque la tristeza quiera impulsarte a aislarte, intentas buscar a alguien y recibir un abrazo para sobrellevar ese momento.

EN ESTE GRUPO DE HABILIDADES APRENDEREMOS A CONTROLAR EL IMPULSO HACIENDO LA ACCION OPUESTA DE LA EMOCION O RESOLVIENDO EL PROBLEMA.

Mazza et al., 2021

Habilidad 12:
Controlando el impulso de la emoción

Estos son los impulsos naturales que tiene cada emoción y se transforman en conductas que muchas veces complican mas las cosas:

Miedo:
- Escaparte o evitar

Enojo:
- Atacar

Tristeza:
- Aislarse, estar con mas pasividad, retraerse

Verguenza:
- Esconderse, evitar, retrasar, buscar salvarse atacando a las demas personas

Culpa:
- Prometer reiteradamente que nunca volverás a cometer dicha ofensa, librarse de la responsabilidad, pedir perdón, suplicar, esconderse o bajar la cabeza.

Celos:
- Acusaciones verbales, intentos de control, actuar de manera sospechosa

Amor:
- Decir "te amo", esforzarse en pasar tiempo con la persona, hacer lo que la otra persona quiere, complacer, dar afecto y cariño.

Asco:
- Alejarte, hacer gestos de desagrado con la cara, sentir náuseas y/o vomitar

Mazza et al., 2021

Habilidad 12:
Controlando el impulso de la emoción

¿Cuál es el impulso de cada emoción que más se manifiesta en vos y qué otras conductas incómodas te pone a hacer?

Miedo:
- _____

Enojo:
- _____

Tristeza:
- _____

Verguenza:
- _____

Culpa:
- _____

Celos:
- _____

Amor:
- _____

Asco:
- _____

Habilidad 12:
Controlando el impulso de la emoción

Dibuja o representa el impulso que cada emoción te hace hacer

Enojo:

Miedo:

Amor:

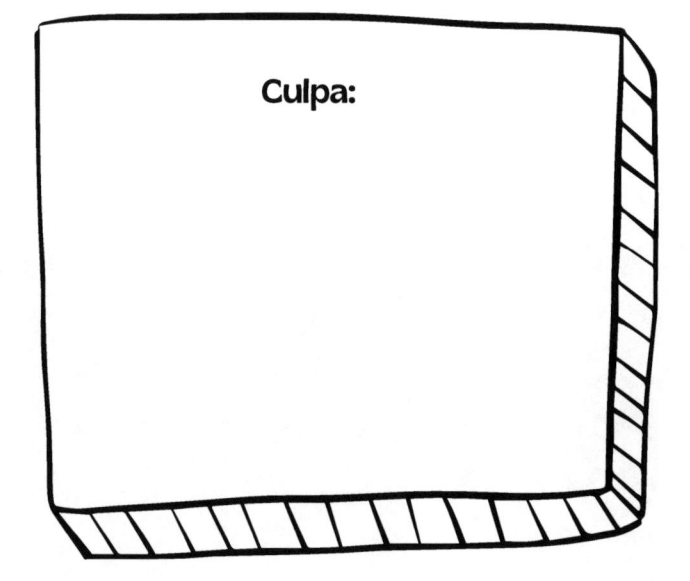

Culpa:

Habilidad 12:
Controlando el impulso de la emoción

Dibuja o representa el impulso que cada emoción te hace hacer

Asco:

Verguenza:

Tristeza:

Celos:

Habilidad 12:
Cambiando las respuestas emocionales

¿Qué hago si mi emoción se ajusta a los hechos?

1. Pienso en lo que cada emoción me está queriendo decir
2. Siento la emoción y me digo "Es válido sentir ..."
3. Planeo hacer algo para cuidar mi emoción:
   a. Darme cariño o buscar cariño si siento tristeza
   b. Busco seguridad si siento miedo
   c. Busco palabras de aliento y de poder si siento vergüenza, busco recuerdos de momento de orgullo
   d. Intento reparar lo que me hizo sentir culpa
   e. Busco una manera asertiva y saludable de defenderme si siento enojo.
   f. Demuestro mi amor si lo siento
   g. Si tengo celos hablo con la persona y clarifico lo que me hace sentir la amenaza
4. Evalúo lo que pasó.

Elaboración propia a partir de la integración teórica

Habilidad 12:
Receta para manejar las emociones que se ajustan a los hechos

Recuerda: Todas las emociones son válidas y aparecen por algún motivo:
- Si se pierde algo valioso es normal sentirse triste
- Si se hace algo riesgoso o nuevo es normal sentir miedo
- Si se experimenta un rechazo u obstáculo para las metas es normal sentir enojo

En esos momentos puedo hacer diferentes cosas para darle una salida SALUDABLE a la emoción. Aquí hay algunas ideas:

Enojo:
- Correr, brincar, sacudir el cuerpo
- Romper papel
- Golpear una almohada
- Oír musica rock pesado
- Comer un chile
- Escribir todo lo que piensas
- Decir malas palabras en tu mente
- Hablar con alguien
- Dibujar el enojo

Miedo:
- Hablar con alguien
- Buscar algún amuleto de seguridad
- Buscar un espacio de seguridad
- Revisar el peligro
- Esconderse un rato
- Buscar alguien que te asegure
- Dibujar el miedo

Amor:
- Decir los sentimientos
- Escribir una carta de amor
- Hacer dibujos
- Hablar con alguien
- Llamar y buscar a la persona que se ama
- Escucha música romántica
- Suspira

Culpa:
- Pide disculpas
- Repara el daño
- Escribe una carta o dibuja para expresar lo que sientes
- Aléjate temporalmente de la situación o personas que heriste
- Habla con alguien sobre lo que sientes

Elaboración propia a partir de la integración teórica

Habilidad 12:
Receta para manejar las emociones que se ajustan a los hechos

Recuerda: Todas las emociones son válidas y aparecen por algún motivo:
- Si se pierde algo valioso es normal sentirse triste
- Si se hace algo riesgoso o nuevo es normal sentir miedo
- Si se experimenta un rechazo u obstáculo para las metas es normal sentir enojo

En esos momentos puedo hacer diferentes cosas para darle una salida SALUDABLE a la emoción. Aquí hay algunas ideas:

Asco:
- Dibuja lo que te desagrada
- Aléjate de eso que te hace sentir incomodidad
- Aparta lo que te hace sentir desagrado
- Límpiate de eso que te desagrada
- Busca un espacio seguro
- Habla con alguien

Vergüenza:
- Evita hacer la acción que te da vergüenza
- Escribe o dibuja la emoción
- Expresa el hecho que tienes vergüenza
- Habla con alguien

Tristeza:
- Dibujar o escribir una carta sobre lo que sientes
- Buscar a alguien que te de consuelo y hablar con alguien
- Llorar
- Refugiarte y aislarte MOMENTÁNEAMENTE del mundo

Envidia:
- Esfuérzate por lograr lo que te propusiste
- Intenta apoyarte y darte palabras de aliento
- Escucha los cumplidos o cosas bonitas que te han dicho
- Mira tus logros y busca incrementar la sensación de orgullo
- Dibuja la sensación de envidia

Elaboración propia a partir de la integración teórica

Habilidad 12:
Plan de acción para cuando mis emociones se ajustan a los hechos

Intenta planear y prepararte para los momentos en que las emociones intensas se atraviesan en tu vida.

Dibuja o escribe las acciones que empezarás a hacer cuando las emociones se ajusten a los hechos

Enojo:

Miedo:

Amor:

Culpa:

Habilidad 12:
Plan de acción para cuando mis emociones se ajustan a los hechos

Intenta planear y prepararte para los momentos en que las emociones intensas se atraviesan en tu vida.

Dibuja o escribe las acciones que empezarás a hacer cuando las emociones se ajusten a los hechos

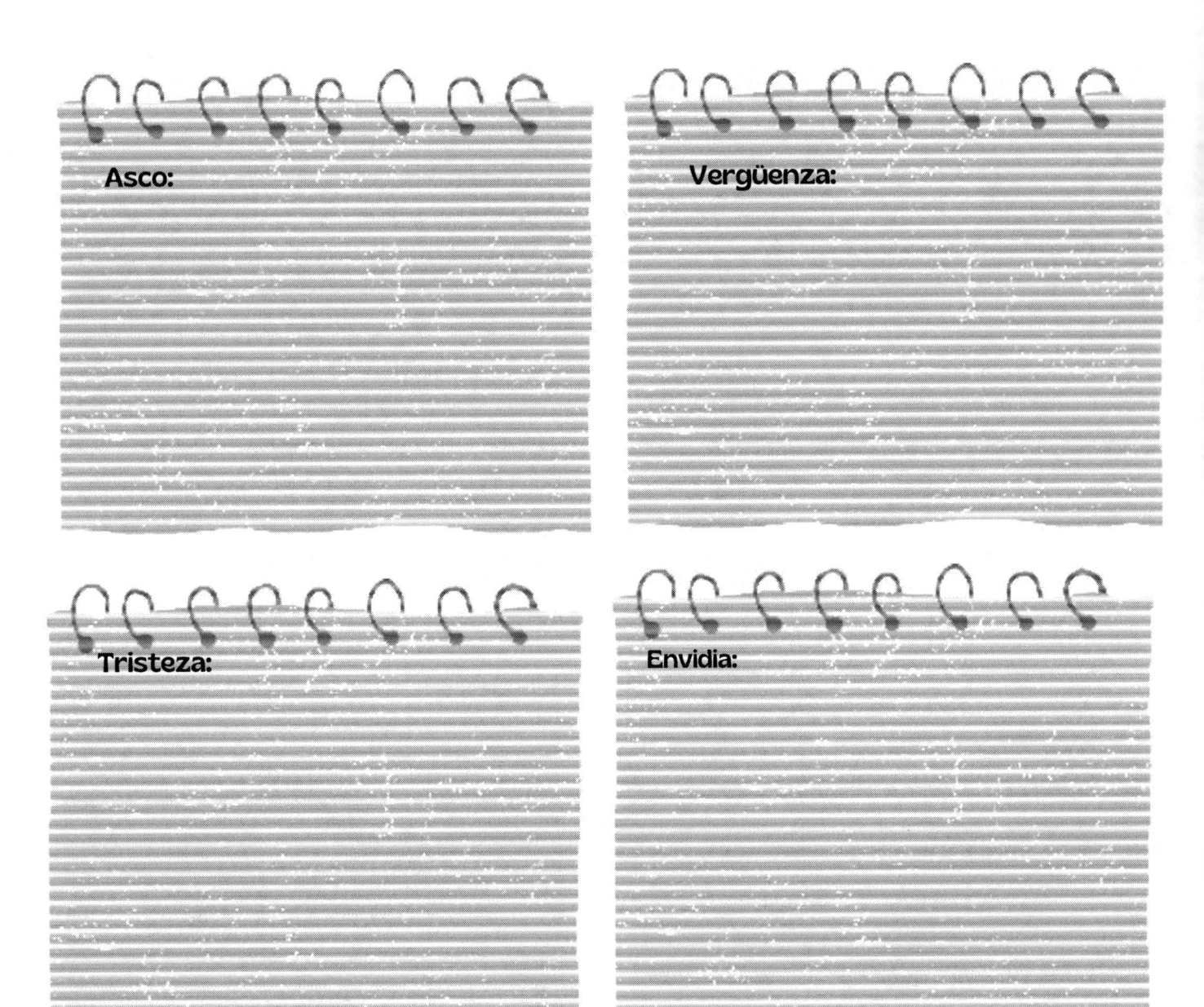

Asco:

Vergüenza:

Tristeza:

Envidia:

Habilidad 12:
Cambiando las respuestas emocionales
Viendo con lentes más claros
Pasos para verificar los hechos y ver que activó mi emoción

PASOS PARA LIMPIAR LAS GAFAS:
1. Observa lo que sientes y elige la emoción incómoda
2. Piensa en la situación que provocó tu emoción y describe todo lo que pasó, lo que viste, lo que oíste, lo que oliste, usa todos los detalles, evita decir lo que sentiste o interpretaste. Es como hacer una película y que todas las personas que la vean puedan notar lo mismo.
3. Responde: ¿Estoy pensando de manera correcta? Piensa en las interpretaciones, suposiciones y pensamientos que se te ocurrieron.
4. Ahora piensa, ¿qué otras cosas se pueden interpretar?:
   a. Si fuera mi amiga que pensaría sobre esto
   b. Si fuera mi mamá
   c. Si fuera una profe, directora u otra persona adulta
   d. Si fuera mi personaje favorito de películas, un cantante o una actriz o actor que te encante y admires.
   e. Una persona religiosa que diría

5. Busca en tu interior si será que te sientes amenazado(a), pregúntate: ¿Qué tan probable es que pase? Escribe todos los resultados que se te ocurran que podrían pasar en caso que fuera real.

6. ¿Cuál es la catástrofe? Imagina que la catástrofe realmente ocurre y crea en tu mente un escenario en donde la estés afrontando súper bien.

7. Finamente, ¿Se ajusta la emoción a los hechos? Busca en tu sabio interior para responderte y buscar nuevas soluciones.

Adaptado de Linehan, 2015

Habilidad 12:
Diario de verificación

1. ¿Cuál es la emoción que quiero cambiar?

2. ¿Cuál es el evento que provocó mi emoción?

3. ¿Estoy interpretando la situación de manera correcta?

4. ¿Existen otras posibles interpretaciones?

5. ¿Estoy pensando de manera extrema (pensamiento todo o nada, catastrofismo)?

6. Si es así, ¿cuál es la probabilidad que ocurra lo peor?

7. Si ocurriera lo peor, ¿puedes imaginarte afrontando la situacion de buena manera?

Y ¿qué más? ¿cómo lo resolverías? imagina todas las posibilidades

Adaptado de Linehan, 2015 y Mazza et al., (2021)

Habilidad 12:
Nadando en contra de la marea:

Hacer lo opuesto del impulso de la emoción cuando no se ajusta a los hechos o cuando su impulso es poco efectivo

Imagina que vas nadando en el océano y la marea te lleva a la derecha, pero quieres ir a la izquierda.

Recuerdas, que puedes surfear la ola, o inclusive remar con fuerza y cambiar el destino. Claramente es algo difícil y cansado, pero ¡Sé puede hacer!

Recuerda que las emociones tienen impulsos naturales, en ocasiones son válidos, por ejemplo si estás frente a algo horrorizante esconderse temporalmente es necesario, o bien, si se pierde a un ser querido, llorar y buscar apoyo es totalmente necesario y saludable. Sin embargo, en un asalto es normal sentir mucho enojo pero enojarse y golpear al asaltante es poco útil, porque se puede terminar con una herida grave. Puede que cuando te quiten algo que quieras, te sientas con tanta envidia que desprecies tus éxitos y en ese momento es importante nadar contra el impulso emoción, en donde más bien es necesario recordar lo que has logrado y cuidar mucho tu sentido de valor interior.

En este grupo de habilidades aprenderás a nadar en contra la marea o impulso de la emoción. Muchas veces es la decisión más sabia que podemos tomar.

Usa mucho tu sabiduría interior y realiza muchos ensayos en tu mente, en tu imaginación, o con las personas que te apoyan. Poco a poco te irás acercando más a alcanzar esa magia interior.

Adaptado de Linehan, 2015 y Mazza et al., (2021)

Habilidad 12:
Nadando en contra de la marea:

Piensa en las situaciones que requieren que nades contra la emoción. ¿Cuáles te pasan?

¿Te cuesta manejar el enojo al punto que hieres a las personas que amas o dañas las cosas que te gustan cuando te secuestra el enojo? ¿Tiendes a tener constantes visitas del enojo, aunque sean cosas pequeñas?

¿Te visita constantemente la tristeza y cuando llega, conviertes tu vida en una tristeza constante, sin poder salir de ella?

¿Cuando pierdes algo que quieres y te dan celos, tiendes a herir a los demás? ¿O quizás pensar cosas muy dañinas sobre vos? O ¿Terminas rogando y rogando, al punto que dañas tu dignidad?

¿Si tienes envidia, puedes llegar a despreciar tus logros y privilegios; y quedarte con mucho enojo hacia vos y negar todas tus capacidades?

¿Cuando algo te da asco, te alejas mucho al punto que todo lo ves con desagrado?

¿Te escondes por la vergüenza, piensas que la gente te juzga y andas con intranquilidad por todo lado?

¿El miedo te hace esconderte, no asumes riesgos, todo te da miedo?

¿Cuando amas mucho te das a las personas al punto que no logras ver los peligros de las relaciones, incluso aguantas cosas que te lastiman con tal de mantener la relación?

Adaptado de Linehan, 2015 y Mazza et al., (2021)

Habilidad 12:
Receta para hacer lo opuesto, ir en contra de la marea.

Cada emoción tiene un impulso y para cada impulso podemos hacer algo opuesto. Vamos a revisar cada acción opuesta:

Miedo:
- Haz lo que te da miedo, una y otra vez, acércate poco a poco
- Haz cosas que te hagan sentir control sobre tu miedo, puedes usar algún amuleto, frase, recordar algún momento de valentía
- Adopta una postura física de valentía, abre tu pecho y brazos, mira con confianza, habla con tono de voz de seguridad.
- Respira profundo
- Repítete: "puedo afrontarlo, soy capaz"

Mi frase o mantra contra el miedo será:

Enojo:
- Evita a la persona o situación que te enoja, aléjate, practica el STOP
- Respira hondo, cuenta hasta 10, toma una pausa
- Intenta responder con amabilidad y tratar a esa persona o esa situación con amabilidad
- Suaviza tus gestos, rostro, imagina que bajas el tono de voz, relaja tu cuerpo, afloja tus puños, abre tus manos y afloja tus dientes
- Imagina que hablas con alguien que está sufriendo
- Recuerda "Puedo tolerarlo"

Mi frase o mantra contra el enojo será:

Adaptado de Linehan, 2015 y Mazza et al., (2021)

Habilidad 12:
Receta para hacer lo opuesto, ir en contra de la marea.

Cada emoción tiene un impulso y para cada impulso podemos hacer algo opuesto. Vamos a revisar cada acción opuesta:

Asco/rechazo:
- Acércate, come, bebe, ponte de pie cerca de la persona o situación, abraza lo que te parece desagradable.
- Intenta activar la voz amable para eso que parece desagradable
- Intenta mirar el dolor que hay detrás de eso desagradable
- Activa tu empatía
- Busca otros puntos de vista para esa situación, busca explicaciones amables
- Relaja tu cuerpo, tu postura, acepta la situación
- Recuerda "es pasajero, todo mejorará, lo acepto"

Mi frase o mantra contra el asco/rechazo será:

Mi frase o mantra contra la envidia será:

Envidia:
- Cuida y protege lo que tiene la otra persona
- Presta atención a todas las cosas que puedes agradecer, escríbelas
- Repasa todos los momentos en que has tenido privilegios o bendiciones
- Evita exagerar todas las cosas que te hacen falta
- Evita sobrevalorar o idealizar lo que tiene la otra persona.
- Relájate, respira
- Recuerda "Todo estará bien como está, tengo lo suficiente en mi interior para encontrar paz y felicidad"

Adaptado de Linehan, 2015 y Mazza et al., (2021)

Habilidad 12:
Receta para hacer lo opuesto, ir en contra de la marea.

Cada emoción tiene un impulso y para cada impulso podemos hacer algo opuesto. Vamos a revisar cada acción opuesta:

Celos:
- Deja de controlar a los demás
- Deja de buscar pruebas y comprobar lo que piensas
- Deja de perseguir y fisgonear, deja de hacer preguntas de detective
- Escucha los detalles, respira lentamente, mantén una postura relajada
- Concéntrate en las sensaciones para dejar de pensar
- Recuerda "tengo dudas y pensamientos, puedo notarlos y saber que son pensamientos, si algo incómodo pasa siempre llegará la verdad sola sin que tenga que perseguirla"

Mi frase o mantra contra los Celos será:

Mi frase o mantra contra el amor será:

Amor:
Se usa cuando el amor no es correspondido o es dañino:
- Evita a la persona, situación o animal que te hace daño
- Busca cosas que te distraigan
- Recuerda que el amor tiene algo que daño y piensa en las cosas negativas que tiene
- Evita todo lo que te recuerde a la persona o situación, los recuerdos, las redes sociales, teléfono, TODO
- Deja de expresar amor y evita tener postura de amistad
- Relaja tu cuerpo
- Recuerda: "pronto podré olvidar y ver esta relación en el pasado"

Adaptado de Linehan, 2015 y Mazza et al., (2021)

Habilidad 12:
Receta para hacer lo opuesto, ir en contra de la marea.

Cada emoción tiene un impulso y para cada impulso podemos hacer algo opuesto. Vamos a revisar cada acción opuesta:

Tristeza:
- Actívate, muévate, intenta salir de la cama
- Evita quedarte en un estado de congelamiento
- Haz cosas pequeñas que te hagan recuperar la confianza y la sensación de capacidad
- Divide las actividades en metas pequeñas y pasos pequeños.
- Realiza más actividades agradables (aunque no quieras inténtalas)
- Vive cada experiencia de actividad y agradable de manera mindful
- Toma una postura abierta, segura, erguida y saludable
- Recuerda: "Puedo darme el permiso de elegir sentirme mejor"

Mi frase o mantra contra el Tristeza será:

Vergüenza:
- Habla sobre tus características personales o la conducta que te avergüenza, intenta normalizarla, recuerda NADIE TIENE TOTAL PERFECCIÓN.
- Cambia la postura de tu cuerpo, intenta mostrar orgullo y capacidad, presta atención a tu tono de voz, si tu cara se ruboriza, puedes verlo como algo normal.
- Repara los daños
- Perdónate y trátate con amabilidad
- Deja ir lo que sea que haya sido vergonzoso
- Recuerda: "Todo va a estar bien, todas las personas cometemos errores"

Mi frase o mantra contra la Vergüenza será:

Adaptado de Linehan, 2015 y Mazza et al., (2021)

Habilidad 12:
Receta para hacer lo opuesto, ir en contra de la marea.

Cada emoción tiene un impulso y para cada impulso podemos hacer algo opuesto. Vamos a revisar cada acción opuesta:

Culpa:
- Evita pedir constantemente disculpas
- Evita arrodillarte, rogar, lastimar tu autorespeto.
- Analiza todos los aspectos que te ayudan a distribuir la responsabilidad entre las partes implicadas
- Si ya reparaste el daño, espera y brinda tiempo a la persona para que te perdone
- Recuerda que ya hiciste lo necesario para reparar e intenta continuar con tus cosas
- Piensa "aunque me equivoqué, lo reparé y puedo esperar a que la otra persona siga adelante"
- Recuerda "Tomo mi responsabilidad, pero no todo es mi culpa"

Mi frase o mantra contra la Culpa será:

MIS FRASES DE PODER DE AHORA EN ADELANTE....

MI PLAN DE NADAR CONTRA LA CORRIENTE EMOCIONAL

Adaptado de Linehan, 2015 y Mazza et al., (2021)

Habilidad 12:
Pasos para activar el poder de navegar contra de la marea:

1. ¿Cuál es la emoción que quiero cambiar?

2. ¿Cuáles son los hechos? ¿Se justifica por estos hechos?

3. ¿Cuál es el impulso que la emoción me hace hacer?

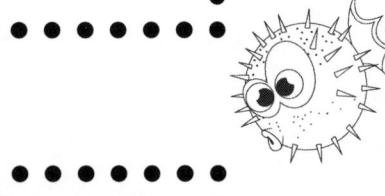

4. ¿Es efectivo expresar esta emoción y hacer el impulso? (Conecta con tu sabiduría interna)

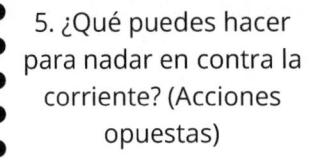

5. ¿Qué puedes hacer para nadar en contra la corriente? (Acciones opuestas)

6. Actúa totalmente opuesto a ese impulso (sigue remando o surcando la ola)

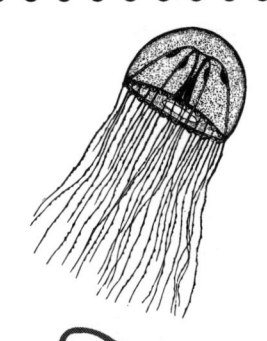

Adaptado de Linehan, 2015 y Mazza et al., (2021)

Habilidad 12:
Todas las emociones juntas

Muchas veces las emociones llegan de visita en grupo, aquí es donde se busca elegir la más fuerte y aplicar la acción opuesta o bien, cuidarlas y permitirse sentir su parte funcional.

Cuando aparecen juntas es importante aprender a recibirlas y aceptarlas. Recordar que son emociones, que pronto pasarán y activar pensamientos que inviten a cuidarlas, apoyarlas para aprender a existir con ellas.

Dibuja en este tarrito todas las emociones que sientas que te visitan

Integrar las emociones y aceptar que viven como un todo es una oportunidad para amar nuestra luz y nuestra oscuridad

Adaptado de Linehan, 2015 y Mazza et al., (2021)

Habilidad 13:
Balanceando nuestros opuestos

Todas las personas almacenan en su interior mundos opuestos que deben ser equilibrados. Estos mundos interiores tienen muchas fuerzas que a veces se contradicen.

Recuerda que tu mundo interior es sagrado, contiene toda la historia de tu vida, ha integrado tanto los momentos difíciles como los agradables. Todas las experiencias interiores y emociones merecen RESPETO, CUIDADO, COMPRENSIÓN Y MUCHAS NUEVAS ENSEÑANZAS PARA QUE APRENDAN NUEVAS MANERAS DE RESOLVER CONFLICTOS.

Cada mundo interior vive con mucha luz, en medio de esa luz, también hay oscuridad. Así también, en la oscuridad interna, existen esos pequeños destellos de luz que reflejan toda la esperanza que existe en medio de la oscuridad. Por otro lado, luz contiene la parte oscura para recordar que todas las personas tiene capacidad para tolerar lo incómodo que vendrá en algún momento. El mundo interior funciona como el YIN-YANG

Adaptado de Linehan, 2015 y Mazza et al., (2021)

Habilidad 13:
Balanceando nuestros opuestos

Los pensamientos son la clave para equilibrar los opuestos. Aprender a permitir su existencia en grupo, en lugar de negarlos es la llave para este equilibrio.

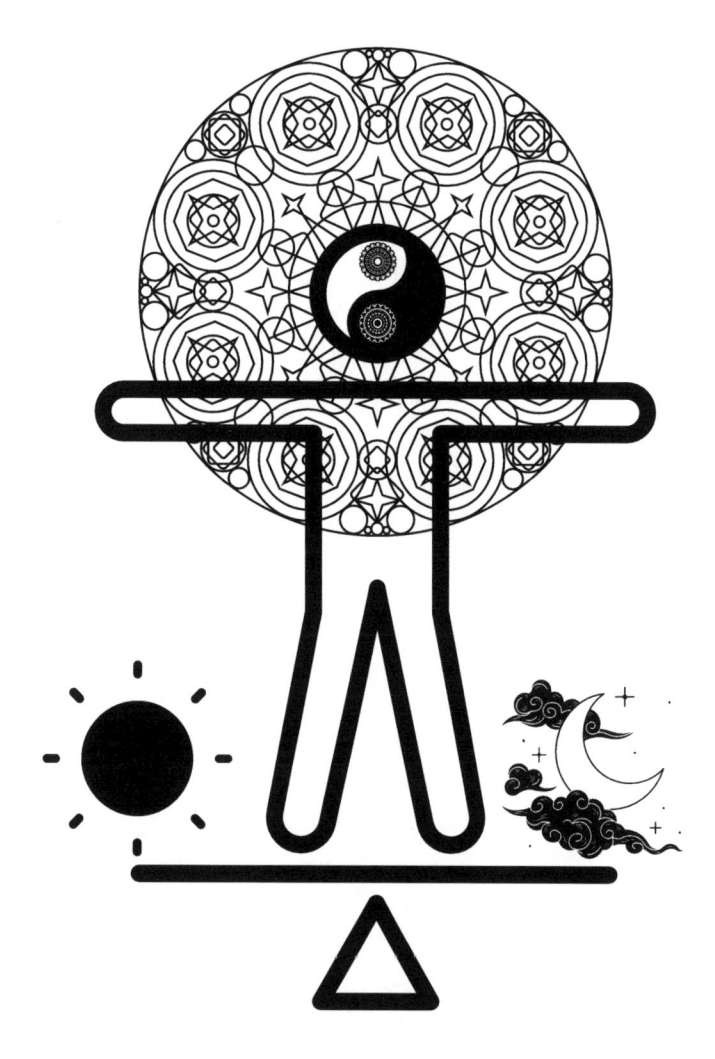

- Puedo sentirme triste Y a la vez permitirme disfrutar de una actividad agradable.
- Puedo decepcionarme por una mala calificación Y a la vez recordar que sobresalgo en el estudio
- AUNQUE sienta que hoy no me veo bien con esta ropa, puedo recordar que tengo valor y que muchas personas me dicen cumplidos.
- Aveces hay días que son difíciles, SIN EMBARGO otros pueden ser maravillosos

Adaptado de Linehan, 2015 y Mazza et al., (2021)

Habilidad 13:
Balanceando nuestros opuestos

Equilibrar los pensamientos extremos requiere de mucha práctica. Para esto puedes hacer los siguientes pasos:

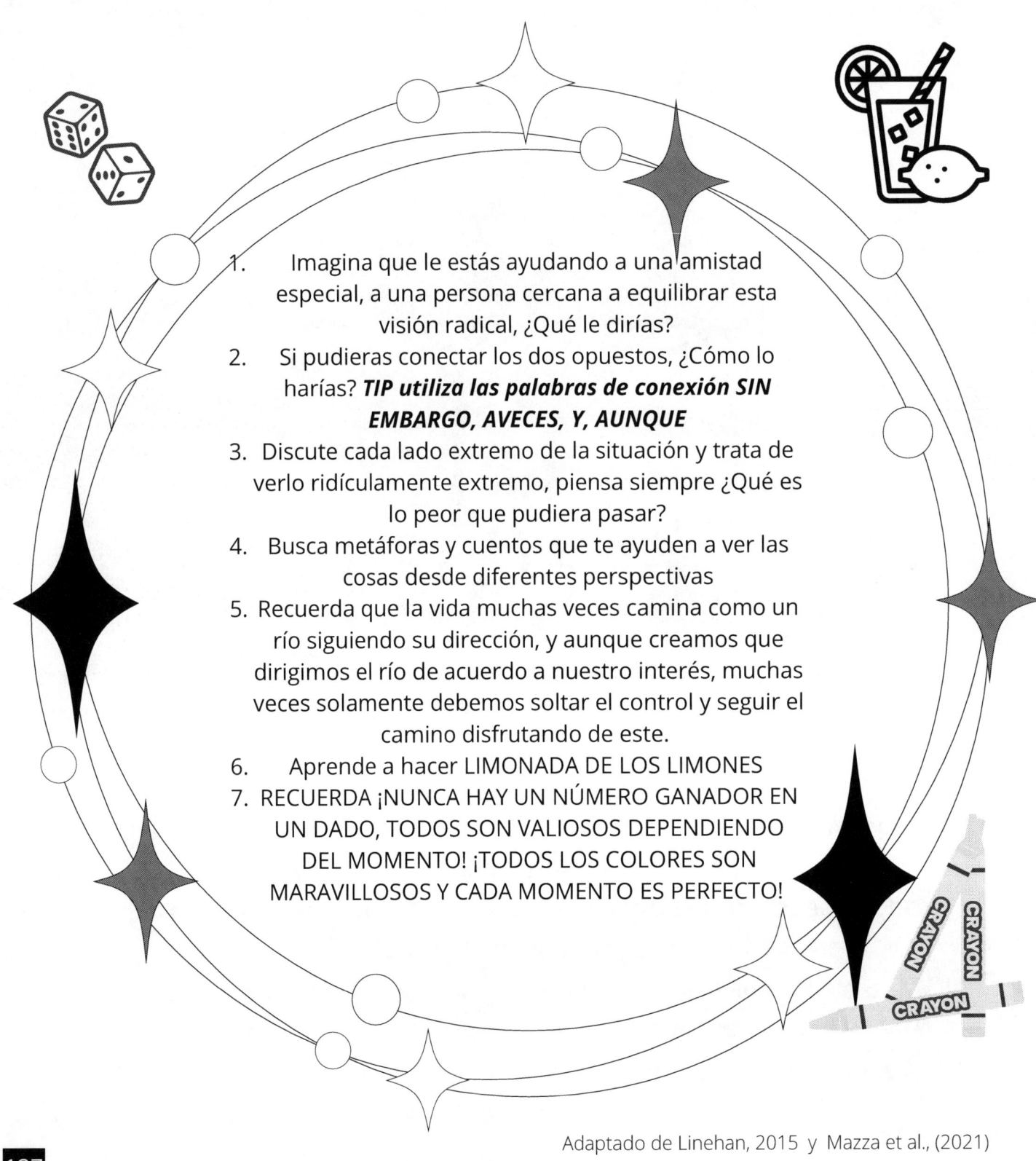

1. Imagina que le estás ayudando a una amistad especial, a una persona cercana a equilibrar esta visión radical, ¿Qué le dirías?
2. Si pudieras conectar los dos opuestos, ¿Cómo lo harías? **TIP utiliza las palabras de conexión SIN EMBARGO, AVECES, Y, AUNQUE**
3. Discute cada lado extremo de la situación y trata de verlo ridículamente extremo, piensa siempre ¿Qué es lo peor que pudiera pasar?
4. Busca metáforas y cuentos que te ayuden a ver las cosas desde diferentes perspectivas
5. Recuerda que la vida muchas veces camina como un río siguiendo su dirección, y aunque creamos que dirigimos el río de acuerdo a nuestro interés, muchas veces solamente debemos soltar el control y seguir el camino disfrutando de este.
6. Aprende a hacer LIMONADA DE LOS LIMONES
7. RECUERDA ¡NUNCA HAY UN NÚMERO GANADOR EN UN DADO, TODOS SON VALIOSOS DEPENDIENDO DEL MOMENTO! ¡TODOS LOS COLORES SON MARAVILLOSOS Y CADA MOMENTO ES PERFECTO!

Adaptado de Linehan, 2015 y Mazza et al., (2021)

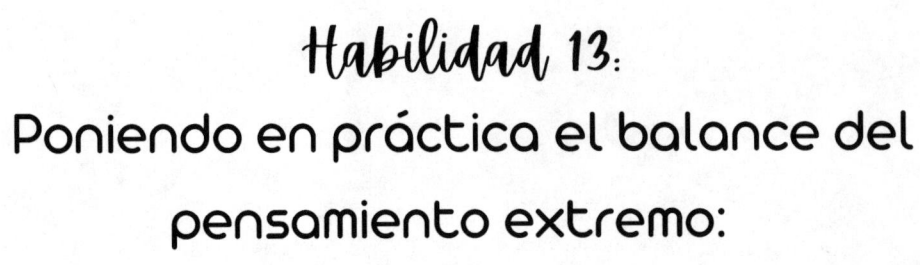

Habilidad 13:
Poniendo en práctica el balance del pensamiento extremo:

Junto al Gatito Sabio intenta escribir todo lo que harás para balancear los pensamientos extremos. Utiliza la guía anterior y reescribe esos pensamientos extremos

Habilidad 14:
Descubriendo cosas agradables:

Es importante que todas las personas dediquen parte de su tiempo a realizar cosas que resulten gratificantes y agradables.

Muchas veces es difícil intentar cosas nuevas o pensar en cosas agradables, a veces la creatividad se queda corta para descubrir nuevas actividades agradables.

En esta habilidad, tendrás una lista llena de cosas agradables que puedes intentar, valorarando si te generan comodidad y alegría.

Entre más cosas intentes y más aumentes la posibilidad de encontrarte con actividades agradables, mayor será la facilidad de tener estrategias para disminuir los momentos de tensión cuando te enfrentas a algunas emociones.

Estas actividades es como tener un bálsamo de calma para momentos de tensión

Adaptado de Linehan, 2015 y Mazza et al., (2021)

Habilidad 14:
Descubriendo cosas agradables:

Las actividades agradables son la manera de encontrar momentos de alegría para calmar nuestras emociones. A continuación encontrarás una larga lista de actividades agradables. Utiliza un marcador y resalta las actividades que quieres probar. Realiza muchos experimentos para ver cuál te sirve. Toma pequeños riesgos intentando hacer cosas nuevas.

1. Arreglar algo en casa, ayudar a arreglar el carro, cocina, etc.
2. Planear mi carrera y mi futuro
3. Hacer planes para ahorrar dinero
4. Coleccionar cosas (tarjetas de beisball, monedas, estampillas, rocas, conchas, etc.)
5. Planear unas vacaciones
6. Pensar en cómo será mi vida cuando termine de estudiar
7. Reciclar objetos viejos
8. Ir a una cita con alguien o buscar una cita médica
9. Relajarme bañándome, viendo un paisaje
10. Ir a ver una película
11. Trotar, caminar
12. Pensar que has cumplido toda la tarea del día
13. Escuchar música (realiza un playlist 911 de canciones agradables)
14. Pensar sobre fiestas pasadas
15. Comprar cosas para el hogar
16. Asolearte
17. Planear un cambio de carrera o de vida para el futuro
18. Reír, buscar chistes que leer, escuchar un programa gracioso
19. Pensar sobre viajes pasados, vacaciones del pasado
20. Escuchar a otras personas
21. Leer revistas o periódicos
22. Practicar hobbies (colecciones, origami, música, ejercicios, etc.)
23. Pasar una tarde con buenos amigos(as)

Adaptado de Linehan, 2015 y Mazza et al., (2021)

Habilidad 14:
Descubriendo cosas agradables:

Las actividades agradables son la manera de encontrar momentos de alegría para calmar nuestras emociones. A continuación encontrarás una larga lista de actividades agradables. Utiliza un marcador y resalta las actividades que quieres probar. Realiza muchos experimentos para ver cuál te sirve. Toma pequeños riesgos intentando hacer cosas nuevas.

24. Planear actividades diarias, hacerme una rutina
25. Conocer gente nueva
26. Recordar un escenario hermoso
27. Pensar en cosas que quiero comprar y ahorrar dinero
28. Ir de la casa al colegio, o al centro de estudio, trabajo
29. Comer algo rico y preparado por mí
30. Practicar Karate, Judo, yoga, cualquier arte marcial
31. Pensar en mi vida cuando tenga 30, 40 años
32. Reparar cosas en mi cuarto y acomodarlo
33. Aprender a manejar una nueva máquina o electrodoméstico.
34. Recordar las palabras y acciones de la gente amable
35. Usar ropa atrevida, impactante o diferente
36. Tener tardes tranquilas
37. Cuidar mis plantas
38. Comprar y vender cosas, hacer venta de cosas viejas
39. Nadar
40. Garabatear
41. Ejercítarse
42. Ir a alguna fiesta
43. Jugar juegos de video
44. Pensar en viajes que desees hacer
45. Estudiar un nuevo deporte, que sea desconocido como golf

Adaptado de Linehan, 2015 y Mazza et al., (2021)

Habilidad 14:
Descubriendo cosas agradables:

Las actividades agradables son la manera de encontrar momentos de alegría para calmar nuestras emociones. A continuación encontrarás una larga lista de actividades agradables. Utiliza un marcador y resalta las actividades que quieres probar. Realiza muchos experimentos para ver cuál te sirve. Toma pequeños riesgos intentando hacer cosas nuevas.

46. Volar papalotes
47. Discutir sobre temas interesantes
48. Jugar al fútbol, basketball, volleyball
49. Reunirse o visitar a tu familia
50. Dar un paseo en bicicleta
51. Ir a una pista de atletismo y hacer una carrera
52. Organizar un viaje a acampar
53. Cantar a voz alta
54. Arreglar las flores
55. Practicar alguna actividad religiosa
56. Organizar tus lápices, ropa, cuadernos, herramientas
57. Ir a la playa u organizar un viaje a la playa
58. Pensar "Soy una persona de bien, soy pura vida"
59. Tener un día sin nada que hacer
60. Ir a las reuniones del colegio
61. Patinar, andar en patineta
62. Navegar, aprender cosas sobre navegar en barcos
63. Aprender cosas sobre aviones, vuelos y conducir un avión
64. Pintar con diferentes materiales
65. Hacer algo espontáneo
66. Tejer, bordar

Adaptado de Linehan, 2015 y Mazza et al., (2021)

Habilidad 14:
Descubriendo cosas agradables:

Las actividades agradables son la manera de encontrar momentos de alegría para calmar nuestras emociones. A continuación encontrarás una larga lista de actividades agradables. Utiliza un marcador y resalta las actividades que quieres probar. Realiza muchos experimentos para ver cuál te sirve. Toma pequeños riesgos intentando hacer cosas nuevas.

67. Dormir
68. Aprender a manejar o manejar con la supervisión de alguien
69. Buscar algún club o algún grupo
70. Pensar en organizar mi matrimonio o vida de pareja
71. Cantar en un grupo
72. Imaginar que soy un o una modelo y coquetear
73. Tocar un instrumento musical, aprender a tocar un instrumento musical
74. Hacerle un regalo a alguien
75. Comprar o descargar música
76. Ver lucha libre o artes marciales
77. Planificar tus días feriados o festivos
78. Cocinar
79. Ir de excursión
80. Escribir libros, poemas, artículos, cartas
81. Buscar ropa en tiendas online, comprar ropa (si se puede)
82. Salir a cenar o planear una cena
83. Discutir libros o ir a un club de lectura
84. Hacer turismo o planear actividades de turismo
85. Salir a algún lugar que conozcas como si fuera la primera vez que has ido, tomando fotos a detalles y viendo cada detalle
86. Hacerte un manicure, pedicure, o un facial.
87. Ir al salón de belleza
88. Tomar café temprano en la mañana y leer el periódico
89. Conocer sobre el deporte de tenis o jugar tenis
90. Besar

Adaptado de Linehan, 2015 y Mazza et al., (2021)

Habilidad 14:
Descubriendo cosas agradables:

Las actividades agradables son la manera de encontrar momentos de alegría para calmar nuestras emociones. A continuación encontrarás una larga lista de actividades agradables. Utiliza un marcador y resalta las actividades que quieres probar. Realiza muchos experimentos para ver cuál te sirve. Toma pequeños riesgos intentando hacer cosas nuevas.

91. Jugar con mis hermanos, hermanas o niños y niñas de menor edad
92. Pensar en todas las cosas que quiero agradecer
93. Hacer un diario de gratitud
94. Acomodar las carpetas de la computadora
95. Acomodar las canciones que he bajado y hacer diferentes playlists
96. Pensar en todas las cosas positivas o privilegios que tengo en mi vida
97. Ir a obras de teatro y conciertos
98. Soñar mientras estoy despierto o despierta
99. Imaginar que haría distinto si regreso al kinder o a la escuela o si me voy a visitar el pasado.
100. Pensar en que pasaría si viajara al futuro
101. Buscar información sobre la historia de mi ciudad o país en el pasado
102. Diseña acabados de muebles
103. Mirar televisión
104. Hacer una lista de tareas para hacer en la semana
105. Caminar entre el bosque o naturaleza
106. Buscar cosas que quiero regalarle a las personas
107. Completar una tarea del cole
108. Buscar comidas típicas de otros países e imaginar sus sabores
109. Enseñar alguna información que yo conozca y los demás no
110. Tomar fotos
111. Ir a pescar

Adaptado de Linehan, 2015 y Mazza et al., (2021)

Habilidad 14:
Descubriendo cosas agradables:

Las actividades agradables son la manera de encontrar momentos de alegría para calmar nuestras emociones. A continuación encontrarás una larga lista de actividades agradables. Utiliza un marcador y resalta las actividades que quieres probar. Realiza muchos experimentos para ver cuál te sirve. Toma pequeños riesgos intentando hacer cosas nuevas.

112. Pensar en eventos placenteros
113. Hacer una dieta
114. Jugar con animales
115. Imaginar lo que siente un pájaro al volar
116. Leer un libro de ficción
117. Actuar
118. Estar solo (a) y conocer mi mundo interior
119. Escribir un diario o cartas con mis sentimientos
120. Limpiar rinconcitos de mi casa o de mi habitación
121. Leer una novela romántica
122. Intentar hablar como una persona de menor edad y reírme
123. Bailar
124. Levantar pesas
125. Realizar un picnic
126. Pensar "lo he hecho muy bien", después de hacer algo
127. Meditar, hacer yoga
128. Almorzar con un amigo o amiga
129. Salir a las montañas
130. Jugar boliche (puedo hacerlo en casa con botellas de plástico)
131. Jugar con arcilla o cerámica
132. Hacer manualidades con cosas recicladas

Adaptado de Linehan, 2015 y Mazza et al., (2021)

Habilidad 14:
Descubriendo cosas agradables:

Las actividades agradables son la manera de encontrar momentos de alegría para calmar nuestras emociones. A continuación encontrarás una larga lista de actividades agradables. Utiliza un marcador y resalta las actividades que quieres probar. Realiza muchos experimentos para ver cuál te sirve. Toma pequeños riesgos intentando hacer cosas nuevas.

133. Salir a la lluvia y mojarme un ratito
134. Vestirse con un traje de gala y ver cómo me siento
135. Repasar todo lo que has mejorado
136. Comprar cosas pequeñas para vos (perfume, bolas de golf, etc.)
137. Hablar por teléfono
138. Ir a museos
139. Repasar oraciones religiosas o pensar en cosas espirituales
140. Encender velas
141. Hacer una caminata en la playa
142. Romper hojas o cartón
143. Hacer trabajos en madera
144. Fantasear sobre realizar diferentes roles "¿Cómo sería si fuera marinero?, "¿Cómo sería si fuera pirata?", ¿si condujera un avión?"
145. Tomar clases de ballet o tap.
146. Busca como se hacen las cosas que te llamen la atención, p.ej. como se construye un teléfono, una computadora, un confite
147. Sentarse a tomar un té o un refresco
148. Tener un acuario, conocer sobre el mundo marino
149. Conocer sobre le espacio, estrellas y planetas
150. Hacer crucigramas
151. Tirarse en una piscina
152. Participar en eventos masivos como conciertos o marchas
153. Hacerse un masaje
154. Decir "te amo"

Adaptado de Linehan, 2015 y Mazza et al., (2021)

Habilidad 14:
Descubriendo cosas agradables:

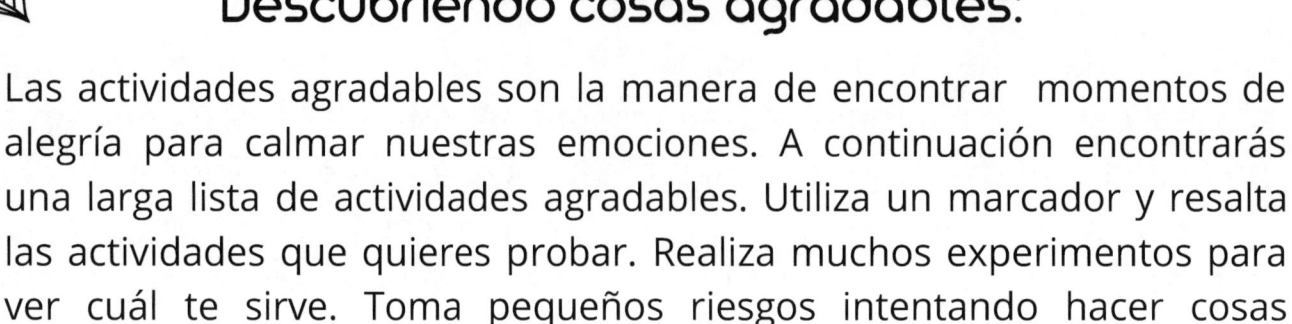

Las actividades agradables son la manera de encontrar momentos de alegría para calmar nuestras emociones. A continuación encontrarás una larga lista de actividades agradables. Utiliza un marcador y resalta las actividades que quieres probar. Realiza muchos experimentos para ver cuál te sirve. Toma pequeños riesgos intentando hacer cosas nuevas.

155. Jugar a atrapar y a batear una bola
156. Hacer tiros a la canasta
157. Ver o mostrar fotos
158. Pensar en mis cualidades buenas
159. Resolver acertijos mentalmente
160. Tener una discusión política
161. Comprar libros
162. Tomar un sauna o un baño de vapor
163. Ver ventas de garaje
164. Pensar en tener familia
165. Pensar en momentos felices de la infancia
166. Asistir a a una clase
167. Montar caballo
168. Hacer algo nuevo, atrevido
169. Trabajar en rompecabezas
170. Jugar cartas
171. Pensar "Soy una persona que puede afrontar"
172. Tomar un baño muy pausado y relajado
173. Leer cómics o fábulas
174. Peinarme y probar nuevos peinados

Adaptado de Linehan, 2015 y Mazza et al., (2021)

Habilidad 14:
Descubriendo cosas agradables:

Las actividades agradables son la manera de encontrar momentos de alegría para calmar nuestras emociones. A continuación encontrarás una larga lista de actividades agradables. Utiliza un marcador y resalta las actividades que quieres probar. Realiza muchos experimentos para ver cuál te sirve. Toma pequeños riesgos intentando hacer cosas nuevas.

175. Descubrir mi escena favorita de una película
176. Hacer una carta y decirle a alguien que lo quiero
177. Enviar mensajes o textear a alguien
178. Jugar un juego de mesa (clue, monopoly, etc.)
179. Hacer un batido y beberlo lentamente
180. Maquillarse con maquillaje de fantasía o diferente
181. Pensar sobre mis amistades y sus cualidades
182. Completar algo que me hace sentir un estado maravilloso
183. Sorprender a alguien con un favor
184. Ponerme mi ropa favorita
185. Navegar en el internet
186. Jugar en la computadora
187. Ir a caminar
188. Cortarse el cabello
189. Enviar correos electrónicos a mis amistades
190. Instalar un software nuevo
191. Escuchar música en un disco compacto o de vinilo
192. Mirar deportes en televisión
193. Cuidar a mis mascotas
194. Hacer trabajo voluntario
195. Mirar stand up comedy en youtube
196. Trabajar en mi jardín
197. Participar en una actuación pública
198. Escribir en un blog
199. Pelear por una causa
200. Hacer experimentos

Adaptado de Linehan, 2015 y Mazza et al., (2021)

Habilidad 14:
Descubriendo cosas agradables:

Las actividades agradables son la manera de encontrar momentos de alegría para calmar nuestras emociones. A continuación encontrarás una larga lista de actividades agradables. Utiliza un marcador y resalta las actividades que quieres probar. Realiza muchos experimentos para ver cuál te sirve. Toma pequeños riesgos intentando hacer cosas nuevas.

201. Hacer huecos en la tierra, sacar maleza y sembrar algo
202. Abrazar un árbol
203. Reunir objetos naturales
204. ir a caminar por la ciudad o a un centro comercial
205. Ir a una feria, carnaval, circo, zoológico o un parque
206. Ir a una librería
207. Unirse a una banda
208. Hacer puntas a lápices de colores y probar sus colores
209. Escuchar sonidos de la naturaleza
210. Mirar la luna o las estrellas
211. Trabajar al aire libre
212. Hacer galletas o chocolates de diferentes formas
213. Jugar en la arena, el agua, el zacate, etc.
214. Sentarse a observar la gente que pasa e imaginar lo que piensan
215. Aprender o hablar en otro idioma
216. Sentarme a ver las nubes y el cielo
217. Buscar olores agradables y olerlos
218. Saborear cosas nuevas
219. Tirarme en una montaña con cartones
220. Conectarme en redes sociales
221. Sentir los rayos del sol en mi piel
222. Componer canciones
223. Ver escaparates y ventanas en las tiendas
224. Estudiar sobre diferentes especies animales
225. Visitar personas enfermas o en problemas

Adaptado de Linehan, 2015 y Mazza et al., (2021)

Habilidad 14:
Descubriendo cosas agradables:

Haz una lista de las cosas que quieres empezar a intentar y escribe como te sentiste

Grupo de Lecciones 3
Llevando cariño hacia mi interior

Este grupo de habilidades tiene como objetivo aprender a cuidar y amar tanto tu cuerpo, tu mente como tu vida en general.

La vida es un regalo sumamente especial. Pensar en lo difícil qué es para cada célula unirse y crear una vida muchas veces es una información desconocida para todas las personas.

Cuando se logra comprender la valentía que existe en nuestro ser desde que los primeros momentos de vida, es posible darse cuenta cuánto merece cada persona dosis enormes de AMOR, CUIDADO, APOYO, ESTRUCTURA Y LIBERTAD, la cual al principio creemos que viene de las demás personas o del exterior pero con el tiempo, se va a aprendiendo a descubrir estas dosis de bondad en el interior. Es ese brillo, ese diamante valioso que invita a cuidar nuestro ser y amarlo en totalidad.

Muchas veces hay cosas difíciles o momentos de tensión, intentan oscurecer ese brillo y abren espacios de dolor. Por esta razón, siempre es importante recordar ese centro de valía.

TODAS LAS PERSONAS TIENEN MUCHO VALOR EL INTERIOR, independientemente de los retos u obligaciones y exigencias internas. La tarea es descubrir ese brillo cada día y darle el mantenimiento que merece.

Los trucos que se enseñarán están orientados a aumentar el sentido de autovalía y reconectar con ese brillo interior, recordando el autovalor y la gran responsabilidad de cuidar nuestro cuerpo mente y emociones en totalidad.

Habilidad 15:
Historia sobre cuidar mi interior

Había una vez una chica que tenía un hermoso jardín. Lleno de flores y plantas; girasoles, suculentas, diferentes tipos de cactus, rosas, geranios, muchos colores y olores. Un día, se dio cuenta que había una maleza creciendo y esto la frustró mucho.

Intentó quitar la maleza de inmediato, la podó y pensó que ya había solucionado todo. Sin embargo, al poco tiempo volvió a crecer. Intentó quitarla desde la raíz y la situación se resolvió por un corto tiempo. La trató de quitar llamando a la mejor empresa fumigadora del país y no logró resolver el problema, al poco tiempo regresó.

Agobiada por la situación, la joven se frustró y dejó de luchar, empezó a odiar su jardín y creer que era el peor de todos, lo comparaba con los jardines de otras personas y siempre pensaba que todo estaba mal en su jardín. Estuvo tan centrada en lo que no funcionaba, que dejó de cuidar las hermosas flores que tenía y poco a poco se fueron marchitando. Empezaron a estar llenas de sed por falta de agua, y se ocultaban cada día mas entre la oscura maleza. Un día, se acercó a ella la jardinera más sabia que había. Se sentó a su lado y con una mirada llena de compasión le dijo "Deja a la maleza tranquila, deja de cortarla y buscar la manera de quitarla. Ella también forma parte de los jardines, luchar contra ella es desgastarte en algo que siempre va a existir. Centra tus energías en todo lo bello que has sembrado y todo hermoso lo que existe en tu jardín. La maleza estará, puedes trabajar en quitarla y controlarla, ella va a estar allí, sin embargo enfócate en tu jardín".

La chica escuchó esto y tuvo sentido en su interior. Ahora se dedica a cuidar su jardín, aceptando que tiene maleza, trabajando en mantenerla recortada y cuidando las hermosas flores que tiene sembradas.

Acepta que la maleza y las flores viven juntas, en su conjunto forman el jardín. Encontró que gracias a la maleza tiene día a día una tarea para cuidar su jardín.

Adaptado de Mandil, Quintero Maero (2017), pp 71

Habilidad 15:
Cuidando mi interior

Muchas veces olvidamos que aunque existan cosas molestas en el interior, se pueden aceptar, de esta manera se puede focalizar la atención en las cosas valiosas que es importante cuidar lo cual promueve que florezcan.
Cuidar el cuerpo, la mente, las emociones en totalidad es la tarea.

¿Qué cosas de tu interior sin querer se han vuelto incómodas? (pensamientos, emociones, acciones, voces internas que aprendiste)

_____

¿Qué cosas de tu interior se ven descuidadas debido al tiempo y energía que inviertes intentando apaciguar las partes incómodas?

_____

Si todas esas situaciones incómodas tuvieran un sentido, ¿Qué podrías aprender de su presencia? ¿Qué te están enseñando? ¿Para qué toca sentir esa incomodidad? (Recuerda que tiene que ver con aprendizaje)

_____

Si quisieras hacer un plan para ahora cuidarte y amarte, ¿qué empezarías a hacer para invertir tiempo en lo que eres en esencia?, ¿cuáles palabras agradables y amigables te dirías?, ¿cómo te ayudarías?, ¿cómo negociarías con es parte incómoda de tu interior para que aprenda algo diferente?

_____

¿Cuál sería el lugar interior que reservarías para esas partes incómodas? Si imaginaras haciendo un refugio para esas partes incómodas y ayudarles en su proceso de aprendizaje ¿cómo sería?

_____

_____

Habilidad 15:
Cuidando mi interior

Cuidar el mundo interior empieza por activar en totalidad la certeza que **SOMOS MERECEDORES DE**:

- *Sentir felicidad aunque hayan momentos dolorosos*
- *Experimentar mucho amor a pesar de las decepciones*
- *Sentir seguridad aún cuando existe miedo*
- *Trabajar y sentir la salud a pesar de espacios de fragilidad*
- *Sentirnos como personas adorables aunque haya momentos en que perdamos el control*
- *Recibir un trato respetuoso aunque cometamos errores*

Este es el Jardín que se debe cuidar y cultivar en el interior. Intenta empezar a dibujar ese jardín con estas nuevas plantas que van a florecer en tu interior:

Habilidad 16:
Mis historias de triunfo

Muchas veces pensar en cultivar esta parte saludable genera un poquitín de miedo, es totalmente normal. Recuerda que aunque tengas miedo puedes intentarlo y si ocupas ayuda, puedes buscar a las personas de tu total confianza.

Para ir venciendo el miedo, vas a conectarte con todas las cualidades y poderes interiores que existen en vos. Vas a hacer una historia con tus triunfos, desde el más pequeño que consideres al más grande.

Recuerda que para un bebé un gran logro es aprender a caminar, quizás ahora lo veas como algo insignificante pero es un gran logro, para una personita en edad escolar un gran logro es aprender a leer, graduarse, pasar un juego de video, aprender un instrumento, piensa en todo lo que hayas logrado .

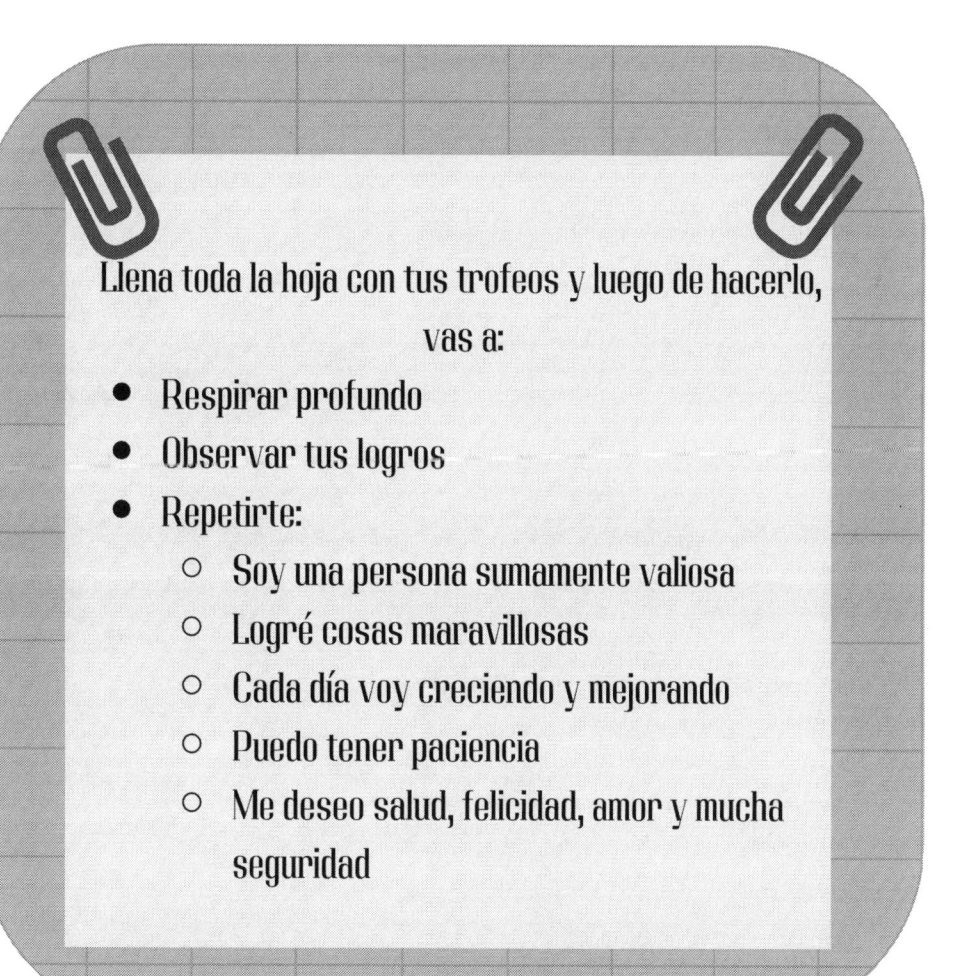

Llena toda la hoja con tus trofeos y luego de hacerlo, vas a:

- Respirar profundo
- Observar tus logros
- Repetirte:
  - Soy una persona sumamente valiosa
  - Logré cosas maravillosas
  - Cada día voy creciendo y mejorando
  - Puedo tener paciencia
  - Me deseo salud, felicidad, amor y mucha seguridad

Adaptado de Gomez, 2012

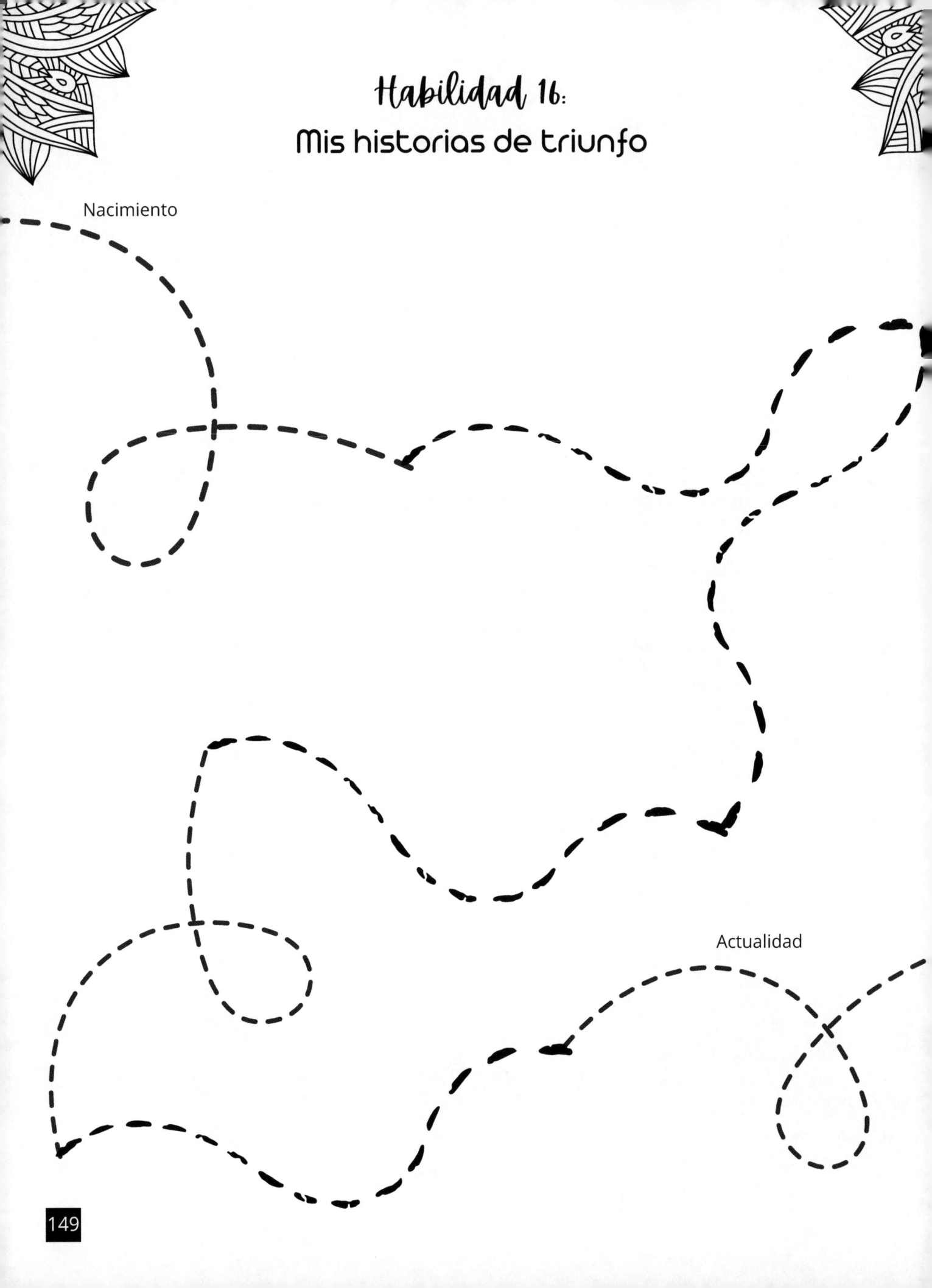

Habilidad 16:
Mis historias de triunfo

Nacimiento

Actualidad

Habilidad 16:
Mis historias de triunfo

Aquí hay stickers que puedes recortar y que te pueden ayudar en la construcción de tu historia de triunfos:

Lavarme los dientes	Caminar	Primera vez que comí sin ayuda	Primer día de escuela	Descubrir juegos sin ayuda de adultos
Dormir sin compañía	Buen desempeño en un deporte	Aprender a leer	Aprender a escribir	Cantar una canción
Actuar en alguna obra	Graduarme en algún nivel académico	Habilidad musical	Habilidad artística	Patinar
Sacar una buena calificación	Andar en bicicleta	Ganar un video juego	Bailar	Ayudar a alguien
Conocer gente nueva	Pedir una disculpa y cambiar	Controlar una emoción	Otra...	

Habilidad 16:
Mirando mi interior

Ahora que ves todas las historias de triunfo que tienes en tu vida. Dedícate a hacerte un cumplido, un piropo o darte unas palabras de aliento.

_____
_____
_____

Dibújate un trofeo o una insignia en donde reconozcas estas capacidades y logros.

Mira el trofeo y repite imaginando que te lo entregas mientras te dices:
- Ojalá sientas felicidad
- Ojalá experimentes mucho amor
- Ojalá sientas seguridad
- Ojalá te sientas saludable
- Eres totalmente adorable
- Mereces recibir un trato respetuoso y amoroso

152

Habilidad 17:
Tratando con amor mis partes difíciles

Cierra los ojos y busca en tu interior todas esas cosas difíciles, las emociones de dolor, los recuerdos que deseas olvidar y apartar, la autocrítica, etc.

Piensa: si todas esas partes incómodas de tu ser fueran personas, niños o seres, ¿cuánto dolor deben haber pasado para ser como son y resolver los problemas cómo lo han hecho hasta ahora: perdiendo el control, gritando, lastimando, agrediendo, criticando? Escribe un poco lo que descubres

_____
_____
_____
_____

Imagina que han pasado por mucho dolor. Por esta razón vas a hacer algo diferente.

1. Dibuja en cada círculo el aspecto que necesita aprender: una manera diferente de resolver problemas, de hablarse a sí y de descubrirse (Pag.127)

2. Luego vas a intentar abrazar ese sufrimiento y decirle a cada parte las siguientes palabras que repetirás en tu imaginación a cada una de esas partes:

- *Ojalá sientas felicidad*
- *Ojalá experimentes mucho amor*
- *Ojalá sientas seguridad*
- *Ojalá te sientas saludable*
- *Eres totalmente adorable*
- *Mereces recibir un trato respetuoso y amoroso*

Desmond, 2021

Habilidad 17:
Tratando con amor mis partes difíciles

Dibuja en cada estrella la parte difícil y siguiendo las indicaciones de la página anterior recuerda decirte las frases de conexión a cada una de esas partes

- *Ojalá sientas felicidad*
- *Ojalá experimentes mucho amor*
- *Ojalá sientas seguridad*
- *Ojalá te sientas saludable*
- *Eres totalmente adorable*
- *Mereces recibir un trato respetuoso y amoroso*

Habilidad 18:
Cuido mi cuerpo con cariño

Piensa en tu cuerpo como ese lugar sagrado que almacena todo tu ser. Por eso puedes decidir amarlo y cuidarlo.

Cuida tu cuerpo haciendo lo siguiente:

- Alimentándote saludablemente
- Durmiendo bien
- Manteniéndote lejos de las drogas y el alcohol
- Visitando profesionales en salud cuando sea necesario y tomando tus medicinas
- Valorando tu cuerpo y diciéndote cosas que sean gratificantes
- Moviendo tu cuerpo con ejercicio moderado y agradable

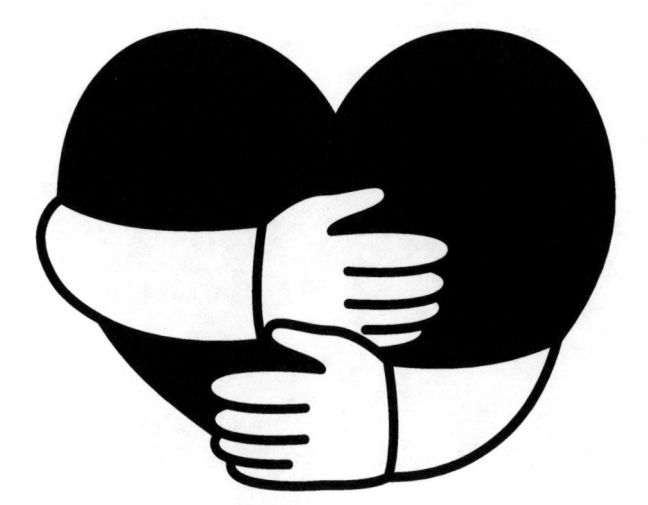

Habilidad 18:
Plan de autocuidado

¿Qué alimentos saludables voy a comer?

¿Cuántas horas voy a dormir?

¿Qué haré para mantenerme lejos de drogas, alcohol, bebidas enérgeticas o cosas que alteren mi sistema nervioso?

¿En qué momentos voy a visitar profesionales de salud? ¿Cuáles medicinas debo tomar y en ocasiones olvido o me cuesta recordar?

¿Qué cosas voy a intentar decirme a mi cuerpo?

¿Qué ejercicios voy a intentar empezar a hacer?

Habilidad 19:
Hablando cariñosamente con mi cuerpo

Un gurú o una gurú valora su cuerpo más allá de las directrices sociales. Todos los cuerpos son hermosos, nos ayudan, nos llevan a nuestras metas. Si les damos el amor y el cuidado, van a ser cada día más hermosos y brillarán desde su interior.

Te invito a exponer las cosas hermosas de tu cuerpo, más allá de las normas sociales. Repite y siente las siguientes palabras:

"Nuestro cuerpo es mucho más que una medida, una talla o una forma".
"Nuestro cuerpo tal cual es, merece ser considerado como valioso".

La sociedad impone paradigmas que lastiman las diferencias. Pensar que solo existe una talla, un tamaño o un tipo de cuerpo es erróneo.

Se debe recordar que se ama a una persona con base en quien es, se elige una amistad viendo su corazón y nunca con base en la talla. Es importante considerar este aspecto para elegirse a sí mismo o misma en todo momento.

Entonces empieza a amarte por lo que eres

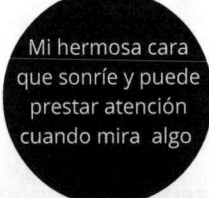

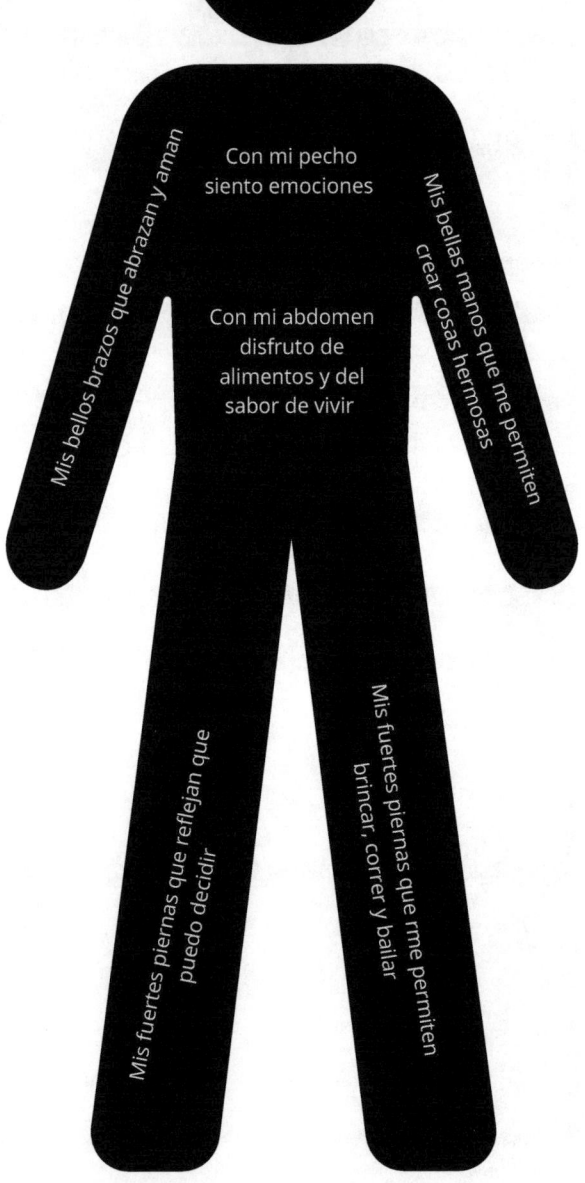

- Mi hermosa cara que sonríe y puede prestar atención cuando mira algo
- Con mi pecho siento emociones
- Mis bellos brazos que abrazan y aman
- Mis bellas manos que me permiten crear cosas hermosas
- Con mi abdomen disfruto de alimentos y del sabor de vivir
- Mis fuertes piernas que reflejan que puedo decidir
- Mis fuertes piernas que rme permiten brincar, correr y bailar

159

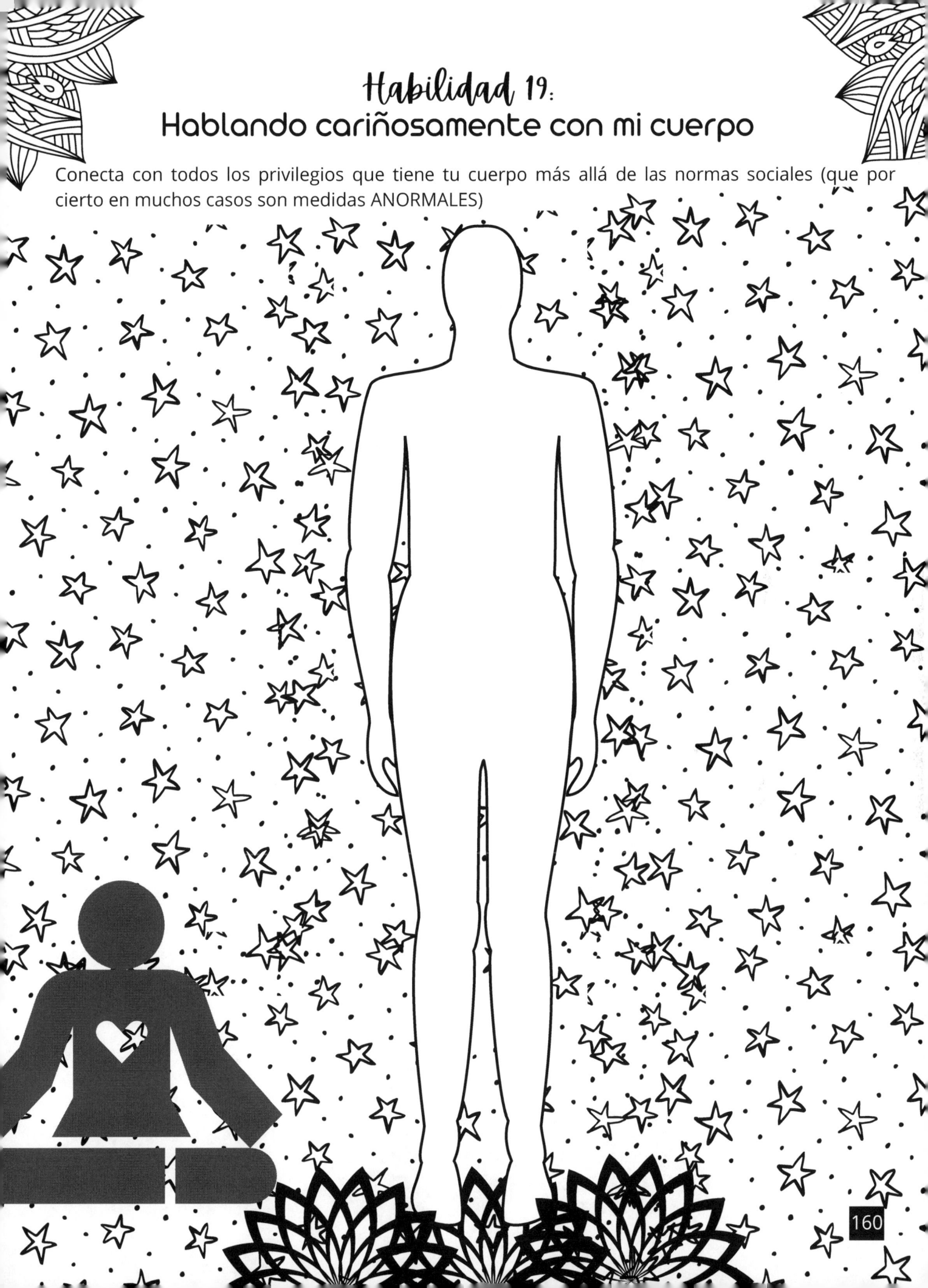

Habilidad 19:
Hablando cariñosamente con mi cuerpo

Conecta con todos los privilegios que tiene tu cuerpo más allá de las normas sociales (que por cierto en muchos casos son medidas ANORMALES)

161

Habilidad 20: Gratitud

Cultivar la gratitud es una de las experiencias más fortalecedoras para las personas, activa todas las emociones agradables.

En esta actividad se buscará que puedas conectarte con todas las cosas que puedas agradecer.

Existe una práctica muy saludable que consiste en escribir diariamente tres cosas por las que sientas gratitud. Pueden ser cosas grandes que te hayan pasado como por ejemplo un regalo inesperado, un reconocimiento por algún esfuerzo, sin embargo también pueden ser cosas más cotidianas que pasan desapercibidas, por ejemplo:

- El desayuno que tuviste en la mañana
- El día de sol que tanto agrada o la lluvia que permite descansar
- Ver una flor con colores en el camino
- La persona que te condujo el autobús que te llevó al colegio.

Intenta todas las cosas que te generen gratitud y nota lo que siente tu cuerpo, mente y emociones cuando te conectas con ellas.

En las siguientes páginas, encontrarás tres agendas para hacer tu diario de gratitud por 3 semanas. ¡Ánimo!

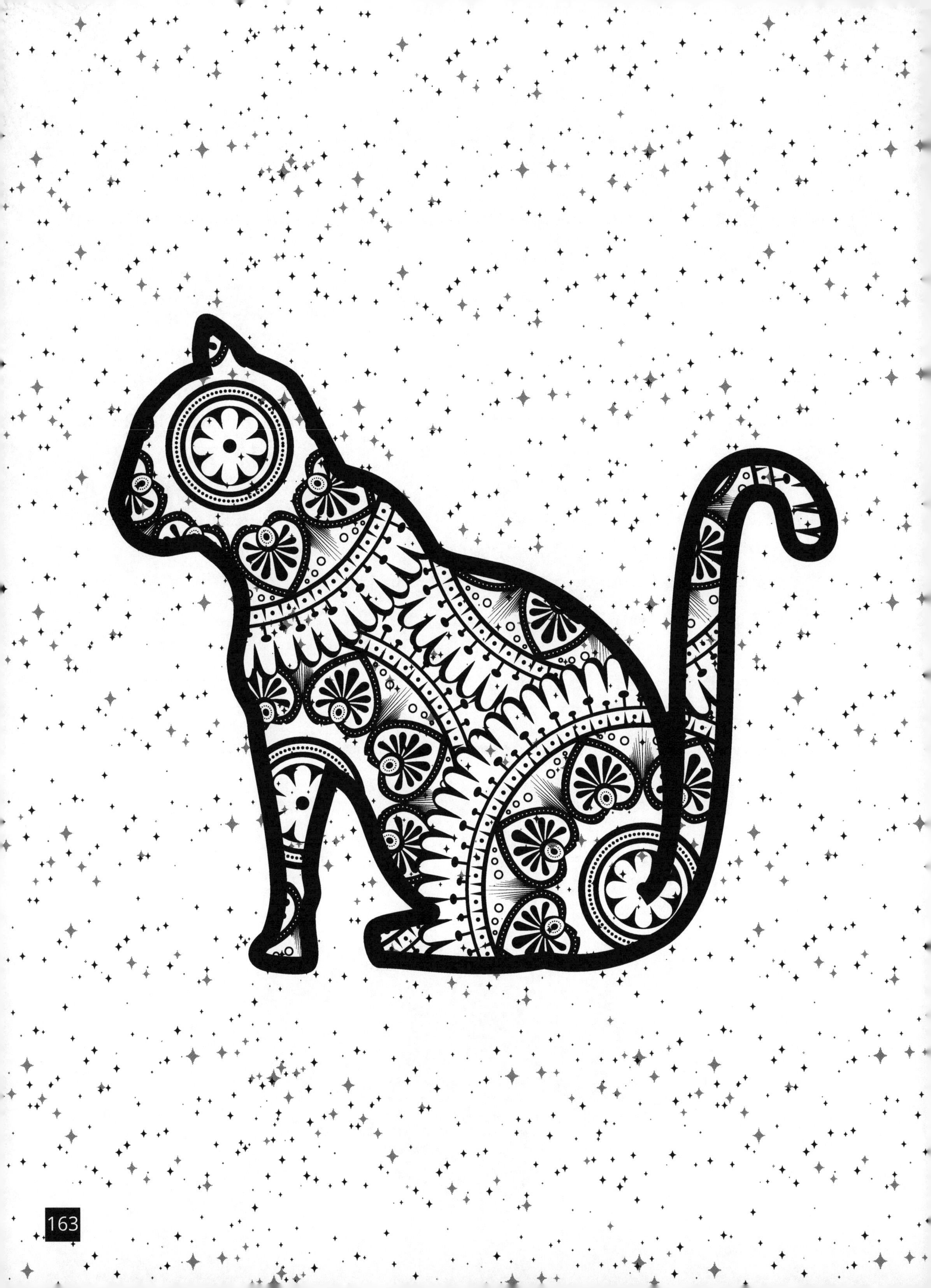

Semana 1 Gratitud

LUNES

MARTES

MIÉRCOLES

JUEVES

VIERNES

SÁBADO

DOMINGO

No olvidar

○
○
○

Adaptado de Bright Designs Canva

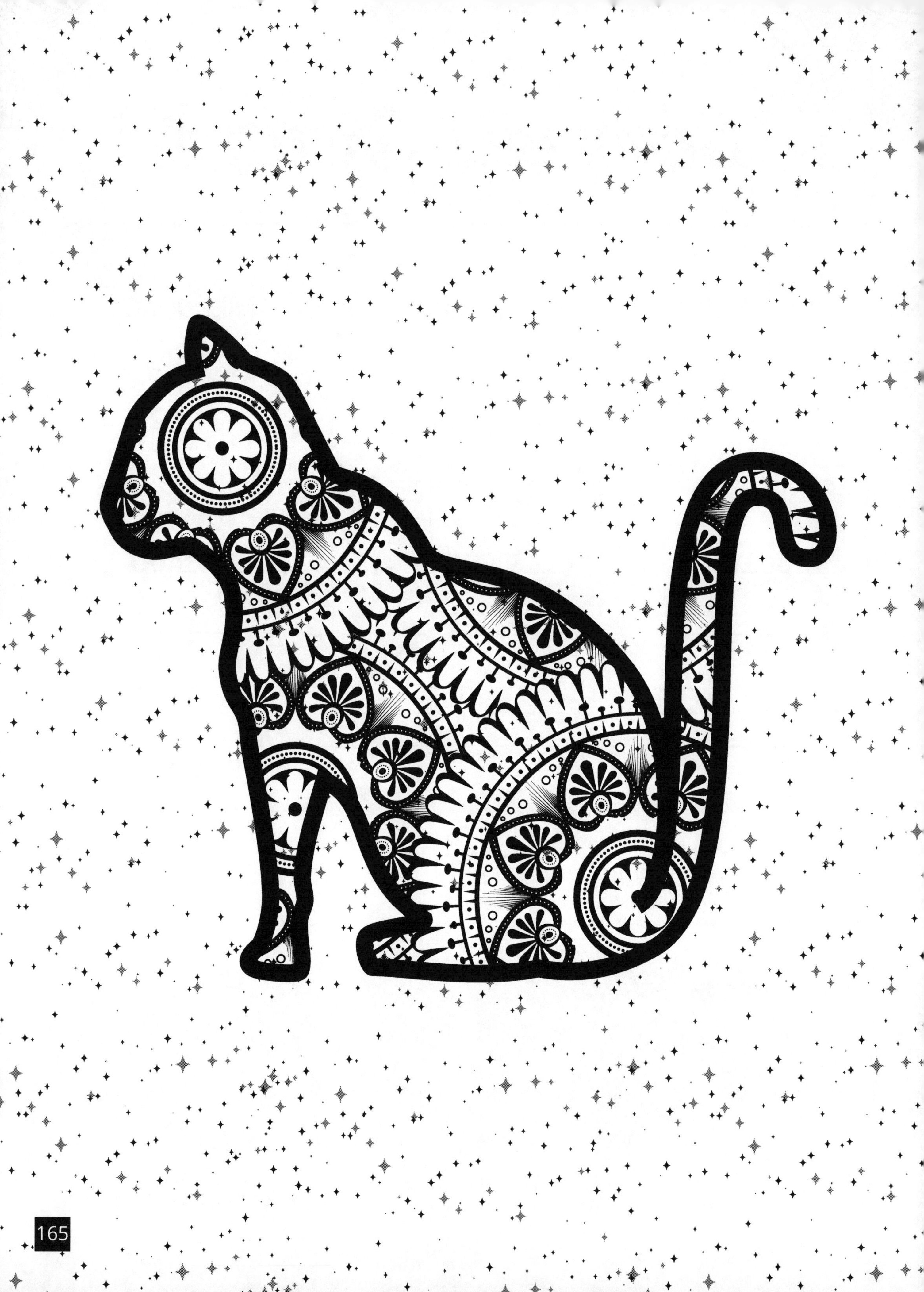

Semana 2 Gratitud

LUNES

MARTES

MIÉRCOLES

JUEVES

VIERNES

SÁBADO

DOMINGO

No olvidar

- ○
- ○
- ○

Adaptado de Bright Designs Canva

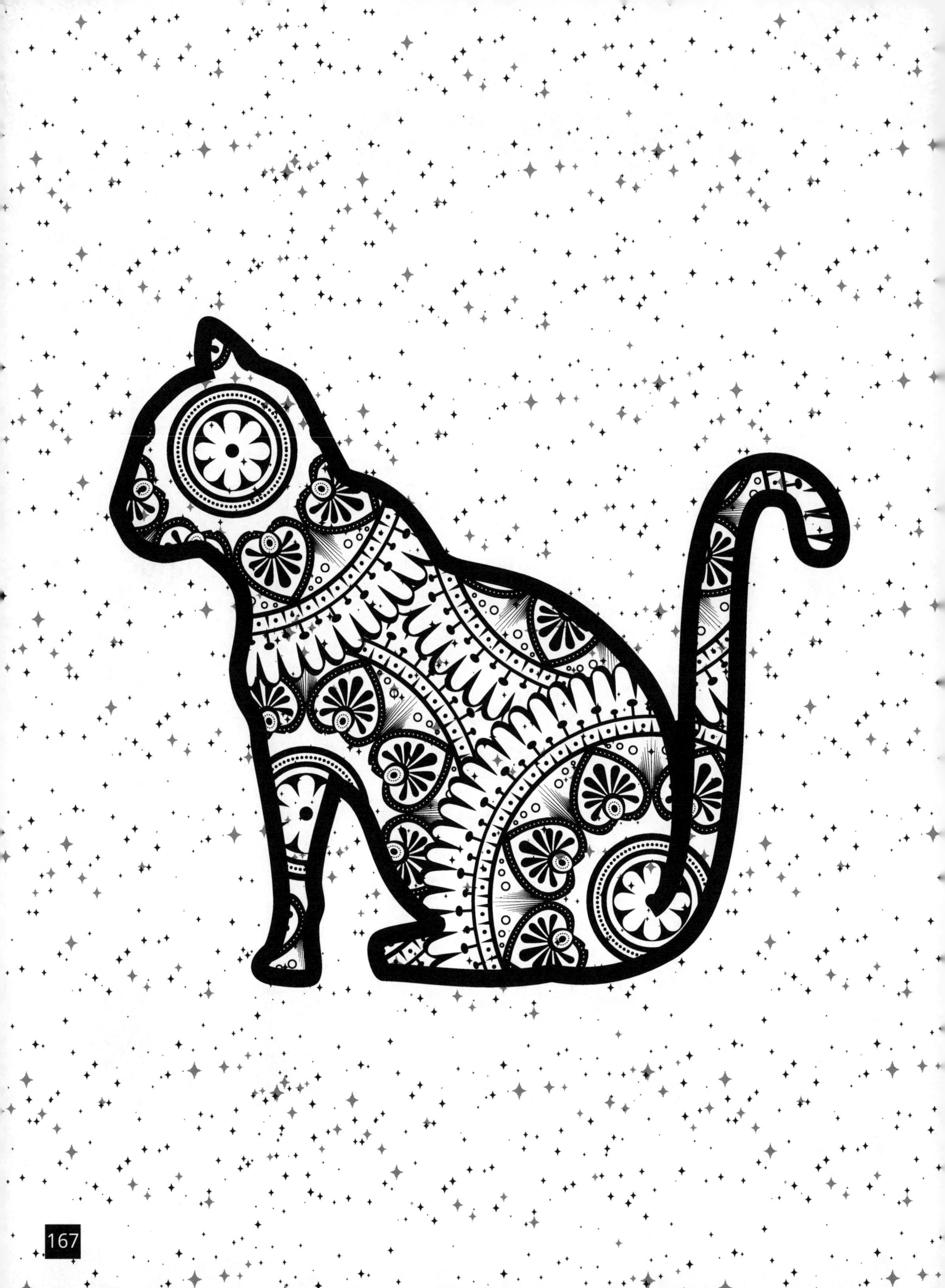

Semana 3 Gratitud

LUNES

MARTES

MIÉRCOLES

JUEVES

VIERNES

SÁBADO

DOMINGO

No olvidar

○
○
○

Adaptado de Bright Designs Canva

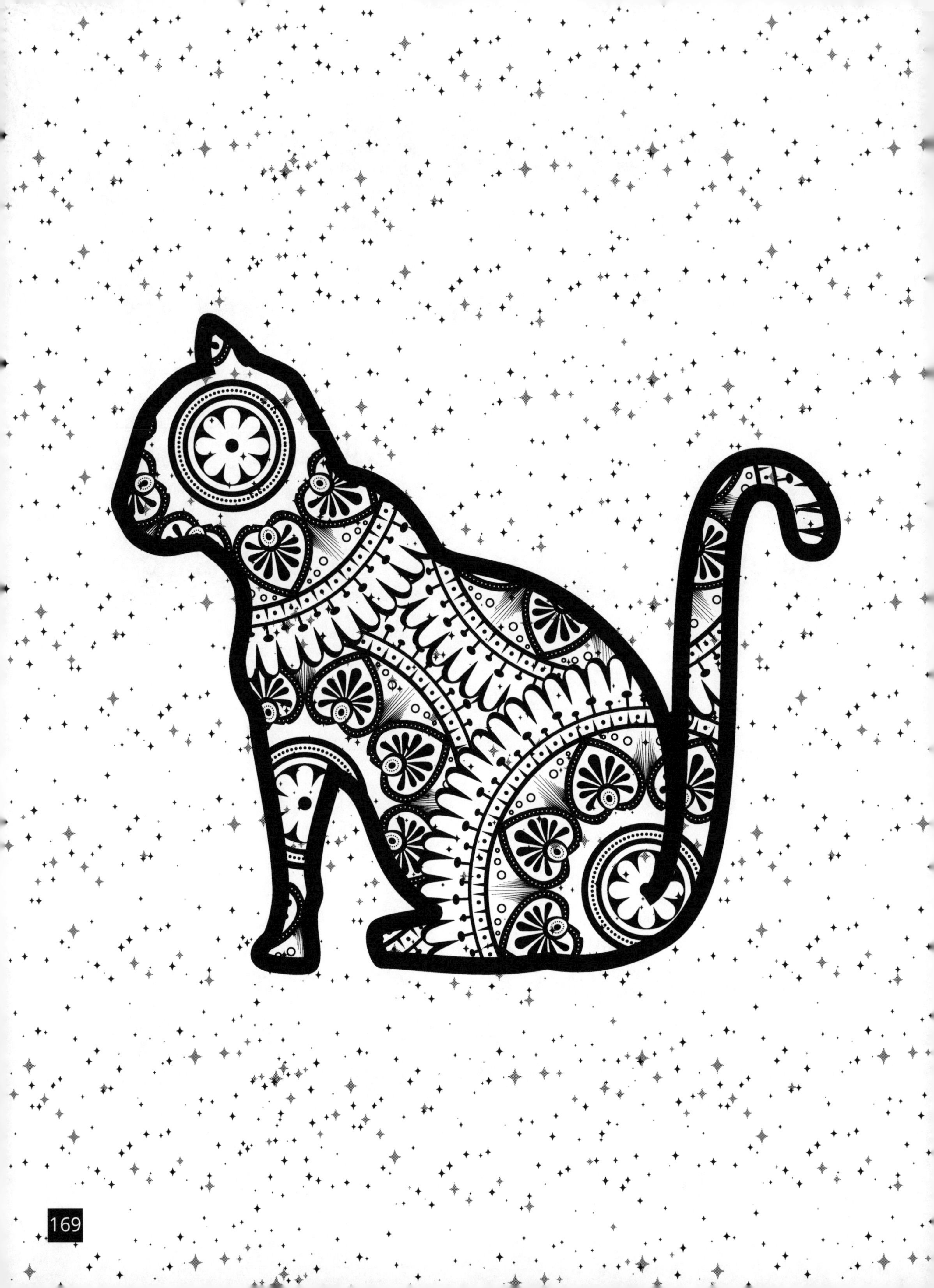

Consideraciones finales

Escribe en cada joya los aprendizajes obtenidos que más te ayudaron

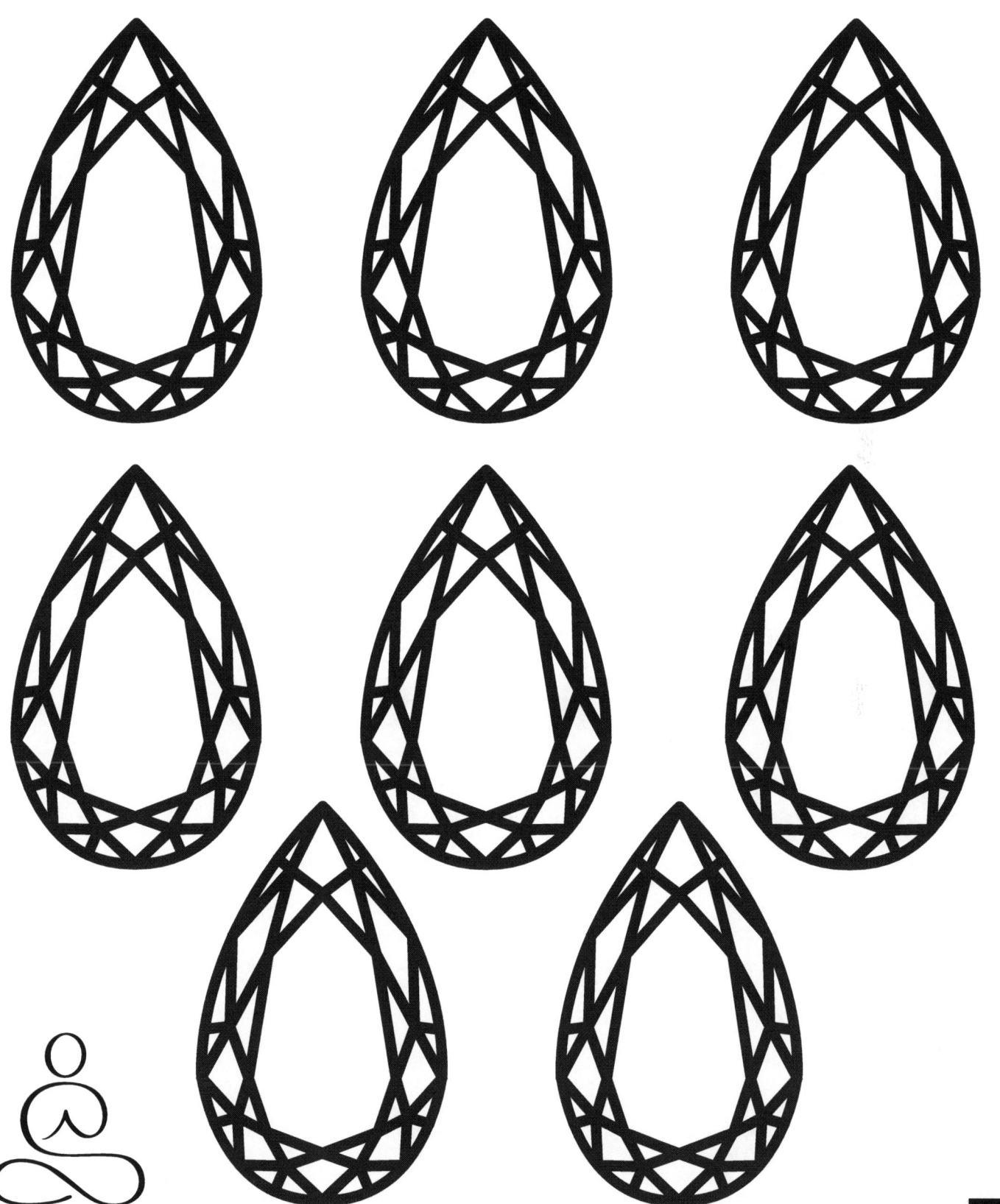

Consideraciones finales

Revisa tus objetivos
Fíjate si se cumplieron y que falta por hacer
¡Sigue trabajando en esta gran tarea!

Conductas disminuidas

Conductas incrementadas

Objetivos pendientes:

Consideraciones finales

¡FELICITACIONES!

Hemos llegado al final y ahora, has logrado despertar a tu ¡Gurú interior!

Tienes muchos trucos de magia, herramientas o estrategias para manejar con sabiduría tu interior.

Te invito a que te felicites y que recuerdes que puedes utilizar este manual cuantas veces sea necesario

Recuerda ¡La práctica hace al maestro!

Continúa poniendo en práctica estas estrategias

Ahora te has convertido en una o un Gurú

Poema

Puede una gota de lodo
sobre un diamante caer;
puede también de este modo
su fulgor oscurecer;
pero aunque el diamante todo
se encuentre de fango lleno
el valor que lo hace bueno
no perderá ni un instante,
y ha de ser siempre diamante
por más que lo manche el cieno (lodo).

Rubén Darío
Poemas selectos (2013)

Referencias Bibliográficas

Cautela, J. y Groden, J. (1985). Técnicas de relajación manual práctico para adultos, niños y educación especial. Martínez Roca

Darío, R. (2013). Poemas selectos. Fontana

Desmond, T. (2021). Manual de Habilidades de autocompasión un plan de 14 días para transformar la relación contigo mismo. Desclée de Brouwer

Gómez, A. (2012). Terapia EMDR y abordajes complementarios con niños. EMDR Biblioteca

Linehan, M. (2015).Manual de Entrenamiento en habilidades DBT para el/la consultante. Editorial de la UNLP

Mandil, J., Quintero, P., Maero,F. (2017). ACT Terapia de Aceptación y compromiso para adolescentes. Editorial Akadia

Mazza,J., Dexter-Mazza, E., Miller, A., Rathus, J., Murphy, H (2021). DBT Escuelas: Entrenamiento en habilidades de resolución de problemas emocionales para adolescentes. Tres Olas Ediciones

Teen Thrive (2021) DBT Skills Workbook for teens a fun guide to manage anxiety and stress, understand your emotions, and learn effective communication skills. Teen Thrive

Wallden (2017). DBT house for school counseling.https://www.teacherspayteachers.com/Store/Krista-Wallden-Creative-Clips

Imágenes visuales

Canva.com

¿Quién es Karina Jiménez?

Psicóloga Clínica, Especialista en Psicología Clínica de la Universidad de Costa Rica, Máster en Psicología de la Salud Universidad Miguel Hernández, Alicante, España. Máster en Terapia Breve Estratégica.

Desde el año 2012 trabaja en el Servicio de Psicología del Hospital Nacional de Salud Mental Manuel Antonio Chapuí, en Costa Rica. Adicionalmente tiene atención a nivel privado enfocada en el tratamiento de personas historia de trauma, desregulación emocional y trastornos de personalidad.

Es supervisora de residentes del programa de la Especialidad en Psicología Clínica de la Universidad de Costa Rica y profesora del Curso Test de Rorschach. Forma parte de la Asociación Costarricense de Psicotrauma.

Cuenta con formación en diferentes enfoques terapéuticos y terapias informadas en trauma. Terapeuta Certificada EMDR. Entrenamiento en Terapia Dialéctica Conductual (DBT) por Linehan Institute Behavioral Tech y DBT Latinoamérica, Terapia de Esquemas por CETEP e ISST, Terapia Focalizada en Emociones, Theraplay y Brainspotting.

AHORA ERES CAPAZ DE HACER MAGIA CON TUS EMOCIONES Y DOMINARLAS CON TODAS LAS ESTRATEGIAS QUE ESTÁS DESPERTANDO DESDE TU INTERIOR

En memoria de Sati mi gatito resiliente, mi Gurú emocional

Conéctate con tu Gurú Emocional es un libro de trabajo para adolescentes y personas jóvenes que quieren aprender a manejar y controlar sus emociones.

Está hecho integrando diferentes modalidades terapéuticas desde una visión creativa y que permita ir interiorizando los aprendizajes. El libro contempla aspectos teóricos, así como la experiencia acumulada a lo largo de más de 15 años de trabajo clínico con muchas personas jóvenes que tienen dificultades para controlar sus emociones.

Espero que este viaje en la profundidad del mundo emocional sea enriquecedor.

Con cariño
Karina

Made in the USA
Middletown, DE
15 May 2024